GESTIÓN DEL CONOCIMIENTO

REVISIÓN SISTEMÁTICA Y METAANÁLISIS

GESTIÓN DEL CONOCIMIENTO

REVISIÓN SISTEMÁTICA Y METAANÁLISIS

Emilio Álvarez-Arregui
Javier Rodríguez Díaz
Francisco Javier Herrero-Diez

2025

Ediciones de la Universidad de Oviedo
ISNI:0000 0004 8513 7929
Servicio de Publicaciones de la Universidad de Oviedo
Campus de Humanidades. Edificio de Servicios. 33011 Oviedo (Asturias)
Tel. 985 10 95 03
https://publicaciones.uniovi.es/
servipub@uniovi.es

Esta obra ha sido avalada por el Departamento de Psicología de acuerdo con lo establecido en el artículo 8f, del Reglamento del Servicio de Publicaciones de la Universidad de Oviedo.

Esta editorial es miembro de la UNE, lo que garantiza la difusión y comercialización de sus publicaciones a nivel nacional e internacional.

I.S.B.N.: 979-13-87540-41-8
DL AS 2228-2025

Imprime: Servicio de Publicaciones. Universidad de Oviedo

Gestión del Conocimiento: Revisión sistemática y metaanálisis

ÍNDICE

PRÓLOGO

Prólogo

Emilio Álvarez-Arregui
Catedrático de Educación
Universidad de Oviedo
alvarezemilio@uniovi.es
https://orcid.org/0000-0002-4657-753X

Francisco Javier Rodríguez Díaz
Catedrático de Psicología
Universidad de Oviedo
gallego@uniovi.es
https://orcid.org/0000-0002-5899-439X

Francisco Herrero-Díez
Titular de Psicología
Universidad de Oviedo
herrero@uniovi.es
https://orcid.org/0000-0001-8950-1714

Las próximas páginas tienen como objetivo revisar la evolución de los saberes a lo largo del tiempo, retomar los dilemas que han afrontado las Ciencias Sociales y del Comportamiento ante los diferentes procesos de racionalización, y presentar una propuesta de investigación desarrollada en los últimos años. Esta propuesta busca integrar metodologías cuantitativas y cualitativas, retomando las aportaciones formuladas por Schwab (1978) en su planteamiento de la Gran Estrategia de la Metodología de la Investigación.

Las Ciencias Sociales y del Comportamiento, al igual que cualquier disciplina científica, avanzan en la medida en que aplican el método científico. Su implementación en contextos específicos presenta peculiaridades (Delgado and Prieto, 1997) que originan diversas modalidades metodológicas —experimental, cuasi-experimental, de encuesta, observacional—. Sin embargo, siempre se mantienen fases comunes:

1) planteamiento del problema,

2) formulación de hipótesis,

3) diseño del experimento o estudio,

4) recogida de datos,

5) interpretación de resultados y

6) obtención de conclusiones.

La idea central que se transmite es que las Ciencias Sociales y del comportamiento constituyen campos en constante evolución y revisión. Esta realidad contrasta con la percepción, aún presente, de que el análisis de datos debe ser abordado únicamente por investigadores externos que aplican esquemas rígidos. No se trata de culpar a quienes desarrollan investigación aplicada, sino de comprender que esta visión responde, en gran parte, a cómo se ha enseñado tradicionalmente el análisis de datos. Keren and Lewis (1993) ya advertían que debía abandonarse la presentación del análisis como un ejercicio "ciego" de técnicas estadísticas, evitando los conflictos y la complejidad inherentes a su desarrollo. Por el contrario, las herramientas estadísticas deben entenderse como instrumentos al servicio del juicio e interpretación del investigador. Como señala Thompson (1993), la estadística permite estimar probabilidades, pero la valoración de la importancia de un hallazgo responde a criterios humanos y no puede desligarse de la responsabilidad ética de emitir juicios de valor.

Este enfoque implica reconocer que la ideología, las creencias y la cosmovisión del investigador y del equipo influyen en los diseños y modelos de investigación, así como en la interpretación de resultados. Estas dimensiones configuran corrientes de pensamiento que, consciente o inconscientemente, afectan a investigadores, participantes y promotores, condicionando los climas y culturas institucionales. Por ello, las estrategias cuantitativas y cualitativas deben sustentarse en recursos y procedimientos sólidos y contrastables.

Atendiendo a estas cuestiones el libro se estructura en siete capítulos que abordan, de manera integrada, los fundamentos teóricos, el diseño metodológico y las herramientas necesarias para el desarrollo de revisiones sistemáticas y metaanálisis en Ciencias Sociales y del Comportamiento.

El primer capítulo, ***Repensando la investigación en Ciencias Sociales,*** revisa la evolución histórica de los saberes, su ordenación y su papel en la construcción del conocimiento científico. Se analizan las formas en que los marcos de referencia se generan, reconocen y transforman en función de las necesidades y contextos sociales, proponiendo una visión crítica y reflexiva de la investigación.

El segundo capítulo, ***Investigación sistemática, social y sostenible,*** plantea las bases conceptuales y prácticas para estructurar proyectos de investigación con un enfoque holístico. Se subraya la importancia de integrar sostenibilidad, rigor metodológico y pertinencia social en el desarrollo de las investigaciones.

El tercer capítulo, ***Introducción a las revisiones sistemáticas,*** ofrece una conceptualización precisa de los niveles de evidencia y establece las diferencias fundamentales entre estudios originales y revisiones sistemáticas. Se presenta la relevancia de este tipo de estudios para reducir sesgos y mejorar la calidad de la evidencia científica.

El cuarto capítulo, ***Pregunta, objetivo, criterios y metaanálisis,*** explica cómo formular una pregunta de investigación clara y específica, establecer objetivos coherentes y definir criterios de inclusión y exclusión que garanticen la validez y la consistencia de la revisión.

El quinto capítulo, ***Estrategias de búsqueda***, desarrolla los procedimientos para identificar, seleccionar y acceder a la literatura científica relevante. Se analizan técnicas para optimizar la recuperación de información y minimizar sesgos, así como el papel de las bases de datos especializadas.

El sexto capítulo, ***Bases de datos: extracción e importación de información,*** describe herramientas y procedimientos para recopilar, organizar y gestionar la información de manera eficiente. Incluye recomendaciones sobre formatos, almacenamiento y software especializado para el tratamiento de datos.

El séptimo capítulo, ***Metaanálisis,*** constituye una guía práctica para aplicar métodos de síntesis cuantitativa, utilizando programas estadísticos como Jamovi, JASP y R. Se abordan aspectos técnicos, interpretativos y de presentación de resultados, facilitando su comprensión y uso en contextos académicos y profesionales.

En conjunto, la obra ofrece un itinerario formativo y aplicado que combina fundamentos teóricos, directrices metodológicas y herramientas prácticas. Se trata de un recurso de especial interés para investigadores, estudiantes de doctorado y profesorado universitario interesados en profundizar en el diseño, desarrollo y aplicación de revisiones sistemáticas y metaanálisis en las Ciencias Sociales y del Comportamiento.

Fuentes documentales

Schwab, J.J. (1978). El práctico: A language for curriculum. En I. Westbury y N. J. Wilkof (Eds.), *Science, curriculum, and liberal education.* University of Chicago Press.

Delgado, A.R. and Prieto, G. (1997). *Introducción a los Métodos de Investigación de la Psicología.* Pirámide.

Keren, G. and Lewis, Ch. (1993). *A handbook for data analysis in the behavioral sciences: methodological issues.* Hillsdale: Lawrence Erlbaum Associates.

Thompson, J. B. (1993). *Ideología y Cultura Moderna. Teoría crítica social en la era de la comunicación de masas.* Universidad Autónoma Metrapolitana.

CAPÍTULO 1

REPENSANDO LA INVESTIGACIÓN EN CIENCIAS SOCIALES

Capítulo 1

Repensando la investigación en Ciencias Sociales

Emilio Álvarez-Arregui
Catedrático de Didáctica y Organización
Universidad de Oviedo
alvarezemilio@uniovi.es
https://orcid.org/0000-0002-4657-753X

Francisco Javier Rodríguez Díaz
Catedrático de Psicología
Universidad de Oviedo
gallego@uniovi.es
https://orcid.org/0000-0002-5899-439X

Francisco Herrero Díaz
Titular de Psicología
Universidad de Oviedo
herrero@uniovi.es
https://orcid.org/0000-0001-8950-1714

Resumen

El primer capítulo plantea una revisión crítica sobre la evolución de la investigación en las Ciencias Sociales y del Comportamiento, prestando especial atención a la ordenación del saber, los dilemas metodológicos y los procesos de racionalización del conocimiento. Se destacan las limitaciones de una aplicación rígida de la estadística y se propone un enfoque iterativo en la construcción de modelos que favorezca la reflexión crítica, la integración de paradigmas y la participación ética de los actores sociales. Asimismo, se analizan los debates emergentes vinculados a la ideología, la metodología y los valores, subrayando el impacto de las racionalidades científica, tecnológica, axiológica, sociopolítica, de la vida cotidiana y personal, así como la irrupción de la racionalidad artificial asociada a la inteligencia artificial. El capítulo concluye señalando que la investigación en Ciencias Sociales requiere una aproximación plural y ética que combine el rigor científico con la responsabilidad social.

Palabras clave: Ciencias Sociales, investigación, metodología, racionalidad, ética, inteligencia artificial.

Abstract

The first chapter presents a critical review of the evolution of research in the Social and Behavioral Sciences, with particular emphasis on the organization of knowledge, methodological dilemmas, and rationalization processes. It highlights the limitations of a rigid application of statistics and proposes an iterative approach to model building that fosters critical reflection, paradigm integration, and the ethical involvement of social actors. The chapter also analyzes emerging debates related to ideology, methodology, and values, emphasizing the impact of scientific, technological, axiological, sociopolitical, everyday-life, and personal rationalities, as well as the rise of artificial rationality associated with artificial intelligence. It concludes that research in social sciences requires a plural and ethical approach that combines scientific rigor with social responsibility.

Keywords: Social sciences, research, methodology, rationality, ethics, artificial intelligence.

1.1. Ordenación del saber

A lo largo del tiempo las personas han generado saberes. Se entiende, por tales, aquellos productos culturales que no vienen determinados por el instinto y que se generan en base a las relaciones y experiencias que la humanidad ha tenido con relación al mundo que le rodea. El problema es que los saberes en sí mismos no dicen nada; solo cuando los saberes son reconocidos como tales (constructos teóricos) y se presentan como útiles empiezan a servir como marcos de referencia. Este patrimonio, el saber, se ha considerado importante dentro de la especie para su evolución por lo que se han establecido diferentes órdenes para reconocerlos, clasificarlos, utilizarlos y ampliarlos, en función de las necesidades, intereses, expectativas, demandas y posibilidades que han ido emergeniendo. Desde esta perspectiva, el análisis de las diferentes realidades comportamentales se entiende como un proceso (contrario a la aplicación puntual y rígida de una determinada técnica estadística) que se resume en la siguiente expresión:

$$\text{DATOS}_{\text{Experiencia + Error}} \longrightarrow \text{DATOS}_{\text{Modelo + Error Experiencia + Error}}$$

Los DATOS representan las puntuaciones básicas u observaciones; el MODELO es una descripción compacta de los datos, que facilita la comunicación y el pensar en un determinado fenómeno, en vez de emplear la totalidad de los datos; el término ERROR responde a aquello que el modelo nunca dará cuenta de una forma exacta desde los datos y, en este término, se recoge la medida en que el modelo falla al representar los datos.

De acuerdo con esta concepción el objetivo del Análisis de las Ciencias Comportamentales es construir un modelo que sea una representación adecuada de los datos, buscando minimizar el error tanto como sea posible. Insistir en que una característica central de esta forma de entender el análisis de las Ciencias Comportamentales es su carácter iterativo, como queda reflejado en la siguiente afirmación de Peña (1986): *La metodología estadística se concibe como un proceso iterativo de aprendizaje en lugar de concebirse como una aplicación única y directa de un determinado procedimiento óptimo*. La dinámica de este enfoque será proponer modelos, teóricamente fundamentados, cada vez más complejos que puedan explicar los datos, y preguntarse si ese incremento en la complejidad se corresponde con una mejora en la descripción de los datos. Obviamente, cuanto más complejo es un modelo es de esperar que logre describir mejor los datos. La cuestión es si la reducción en los errores que produce un modelo más complejo, respecto a uno más simple, es lo suficientemente grande como para justificar la introducción en el modelo de nuevos parámetros.

En este escenario, la recuperación de la confianza en la investigación de las Ciencias Sociales y comportamentales pasa por desarrollar procesos circulares, en los que se tomen decisiones sobre los elementos del currículum que pongan en marcha procesos circulares que integren diagnóstico-planificación-implementación, evaluación, investigación sobre el impacto y transferencia. Los investigadores deben ser conscientes que cuando se desarrolla una investigación-acción en un escenario singular siempre nos vamos a encontrar fuertes resistencias, cuando se cuestionen las acciones que se llevan a cabo. La reflexión sobre estas cuestiones nos parece importante, porque ha producido una generalización indiscriminada de las investigaciones generando dudas sobre nuestra solvencia, para mejorar las cosas y, en no pocos casos, conflictos que siguen latentes porque no se ha sabido gestionar correctamente (Álvarez-Arregui et al., 2024; Álvarez-Arregui et al., 2025; Buela-Casal, 2014; Fernández-Rios and Rodríguez-Díaz 2014).

Los valores que tienen que desprender de los proyectos de investigación y de las acciones de los investigadores deben convertirse en un principio de procedimiento clave que, a su vez, debe orientarse en la dirección de la democratización de las relaciones sociales en el escenario educativo que se determine como objeto de investigación. El cambio que se pretenda para las instituciones, en cualquiera de sus ámbitos y dimensiones, ha de asentarse sobre relaciones de cooperación entre sus participantes, si realmente queremos recuperar su confianza e implicarlos en la mejora de la práctica desde la colaboración. Los avances se asocian con la satisfacción y la confianza entre los participantes, y se incrementa aún más cuando se plantean mejoras que son éticamente justificables para la comunidad en la que se interviene. En este contexto, el investigador debe adquirir el compromiso de crear un clima que favorezca la discusión entre los participantes; de manera que, además de aportar soluciones, no rehuya los conflictos y apunte dudas para abrir caminos sobre los que explorar (Álvarez-Arregui, Rodríguez-Martín, Belver Menéndez, and Rodríguez-Díaz, 2023; Buela-Casal, 2014; Fernández-Rios and Rodríguez-Díaz 2014). Entre otros valores a fomentar cabría destacar los siguientes: el valor del aprendizaje basado en la discusión; el valor de la interdependencia y el trabajo en equipo; el valor de la expresión abierta y de las diferencias se refiere a la investigación-acción, como proceso ético antes que proceso epistemológico, en el que los cuatro criterios ideales de la acción comunicativa (comprensividad, veracidad, verdad y corrección), junto con los criterios de confidenciabilidad, negociación y control democrático, son parte fundamental del marco moral de su justificación profesional (Habermas, 1999).

En este sentido, el aprendizaje basado en la discusión, la interdependencia, el trabajo en equipo y la valoración de la diversidad de perspectivas se consolidan como pilares metodológicos esenciales para una investigación socialmente responsable.

1.2. Dilemas y debates emergentes

Este apartado revisa los desafíos conceptuales y metodológicos que enfrenta la investigación comportamental en un contexto marcado por la tensión entre paradigmas. Este orden es relativo porque incorpora un proceso dinámico de retroalimentación que lo nutre constantemente de nuevos saberes lo que genera reorganizaciones continuadas en base a las evoluciones e involuciones que se producen. Los saberes se han ido así ajustando espacial, situacional y temporalmente en cada época a través de *procesos de racionalización* (la razón es el recurso distintitvo del hombre) que se pueden definir como aquellos órdenes que se alcanzan con respecto a los saberes que los integran (Álvarez-Arregui, 2017). Teniendo en cuenta ello, se hace necesario retomar los dilemas asociados a la investigación de las Ciencias Comportamentales, como es caso de la ideología, ya que los valores y principios que la regulan están afectados por el desarrollo social, político, tecnológico y educativo, a pesar de que con el código ético se busque minimizar su impacto.

En la ciencia comportamental empírica no vale todo. Los criterios de racionalidad científica que se utilizan para conocer y analizar los fenómenos deben explicitarse, si se quiere disponer de un buen aval para que las opiniones se conviertan en certezas. En este punto es necesario considerar que el investigador no es neutro en sus acciones, ya que deja entrever su posición ideológica en cuanto a la mejora de la práctica; de ahí que se haga necesario focalizar el objeto de estudio sobre problemas relevantes, que respondan a las necesidades reales del sistema y/o que requieran soluciones urgentes.

Las debilidades se presentan cuando los investigadores focalizan su esfuerzo en proyectos poco representativos, se deja entrever desconocimiento o un bajo compromiso con la mejora y se destacan otros intereses más vinculados con la promoción profesional y/o personal. En cualquier caso, cuando el objetivo es conocer para mejorar la práctica, es lógico que el investigador tenga un conocimiento profundo de la realidad sobre la que pretende intervenir ya que, de lo contrario, se corre el peligro de descontextualizar los problemas, las interpretaciones y las soluciones.

La metodología también se ve condicionada por la ideología del investigador. Lo normal sería elegir el paradigma de investigación en función de la naturaleza del fenómeno y la finalidad que se pretende alcanzar, pero no siempre sucede así (Álvarez-Arregui and Rodríguez-Fernández, 2023), ya que se suele elegir una opción paradigmática que tiene fundamentos teóricos y metodológicos sobre los que el investigador no siempre tiene un conocimiento adecuado. Así se utilizan paradigmas metodológicos cuantitativos, cualitativos o mixtos que se relaciónan con técnicas concretas y se simplifica su uso, con lo que se elude la discusión epistemológica sobre la naturaleza del objeto a investigar y el método que procede utilizar. Actualmente muchos investigadores optan por el uso de una metodología mixta que, lejos de ser coherente, lo que denota es una incapacidad encubierta para justificar su opción, dado que no es fácil mantener un equilibrio entre ambos enfoques.

En este contexto no puede obviarse que el conocimiento empírico adquiere el rango de científico cuando se fundamenta sobre "pruebas". Por tanto, el enfoque o paradigma que se elija es muy importante puesto que debe fundamentarse en una lógica probatoria que permita identificar y constatar las evidencias. Con demasiada frecuencia el argumentario probatorio de la investigación es débil. El resultado es que pueden cuestionarse los resultados de los trabajos al no estar justificados con una lógica concluyente, que les conceda un rango científico (Buela-Casal, 2014; Fernández-Rios and Rodríguez-Díaz, 2014; Henningsen, 1984). Por ello es preciso reflexionar sobre estas cuestiones, con el objeto de fortalecer las metodologías de investigación en tanto se pretenda generar argumentos concluyentes (Álvarez-Arregui y Rodríguez-Fernández, 2023).

La promulgación del Real Decreto 1888/1984 de 26 de septiembre estructuró los distintos campos del saber en Áreas de Conocimiento (de Miguel, 2015). Esta denominación disciplinar da cuenta del enfoque tradicional asumido para la investigación de las Ciencias Comportamentales: la búsqueda de conocimiento sobre los fenómenos comportamentales utilizando el método hipotético-deductivo-experimental. En definitiva, el campo disciplinar se vera delimitado en función de una metodología centrada sobre el experimento, con lo que se desplazaba al terreno comportamental el espíritu científico positivista en correspondencia con la orientación experimental de la época.

Lógicamente, este enfoque restrictivo no sólo ha dado paso a corrientes de opinión críticas, sino que también ha retrasado la emergencia de metodologías alternativas que se hayan impulsado desde otros sectores académicos ajenos a las disciplinas propias establecidas en el ámbito de las ciencias comportamentales. En cualquier caso, los investigadores han ido fundamentando sus metodologías con la intención de superar las limitaciones de la metodología experimental en los diferentes ámbitos de estudio. Así, el enfoque empírico-experimental dotará de una mayor base científica al incorporar la observación sistemática como método científico de indagación sobre los fenómenos comportamentales y educativos (de Miguel, 2015).

La observación científica permitirá establecer leyes, plantear generalizaciones, formular predicciones y controlar eventos en las situaciones comportamentales, aunque como método de investigación tendrá que esforzarse en precisar el procedimiento para poder hacer generalizaciones sobre las supuestas relaciones entre dos o más variables que inciden en los fenómenos comportamentales (Delgado and Prieto, 1997). De este modo, el concepto de metodología empírico controlada se conformó como un nuevo patrón metodológico para fundamentar las generalizaciones de los resultados a partir de las observaciones empíricas, sin tener que recurrir a la manipulación de los fenómenos como se requiere en el experimento.

El problema de hacer generalizaciones empíricas utilizando criterios estadísticos o probabilísticos es la polarización que genera en los investigadores, en cuanto a los registros numéricos de los datos, ya que se acaban condicionando las tipologías de fenómenos a observar como las variables objeto de observación. La consecuencia es que se ha transitado desde la lógica del experimento a la lógica del modelo estadístico dado que, bajo la presuposición de la normalidad de los fenómenos y la homogeneidad de las unidades de análisis, se considera que se pueden realizar inducciones probabilísticas y, en consecuencia, establecer posibles relaciones funcionales entre las variables concurrentes en los fenómenos observados.

La dificultades de las generalizaciones empíricas se asocia ahora con las dificultades que se encuentran para establecer relaciones causales entre fenómenos, por lo que los investigadores se han esforzado en la construcción y verificación de modelos que permitieran avanzar posibles relaciones causa/efecto entre las variables concurrentes. Así, se han desarrollado sistemas de modelización de las previsibles relaciones entre las variables comprobando las hipótesis mediante complejos modelos matemáticos que se sustentan en métodos estadísticos.

La problemática de los modelos causales en la investigación social son determinar el grado de adecuación existente entre la estructura lógica subyacente en la teoría utilizada para explicar las relaciones entre los fenómenos y las propiedades del modelo de análisis empírico. Frecuentemente es suficiente establecer la relación isomórfica entre teoría y modelo, al predominar lo que se conoce como teoría del dato, al plantear las hipótesis a partir de los análisis implícitos en cada paquete estadístico para facilitar su verificación lo que hace que se descuiden las relaciones lógicas subyacentes entre las variables de los fenómenos observados. De esta forma, el dato estadístico se presenta descontextualizado, de la teoría que se somete a comprobación, lo que limita la valoración de esta metodología para llevar a cabo investigaciones sobre fenómenos de naturaleza interactiva compleja que son los habituales en la realidad educativa (Álvarez-Arregui and Rodríguez-Fernández, 2023).

La orientación cuantitativa vigente desde la década de los setenta del siglo pasado reavivó el dilema clásico sobre la finalidad de la investigación en la ciencia comportamental en cuanto a la explicación y la comprensión. La publicación del texto de Cook and Reichardt (1986), *Métodos cualitativos y cuantitativos en la investigación evaluativa*, revitalizará la polémica sobre aquellos investigadores que se ocupan en configurar la investigación educativa y social como una disciplina metodológica fundamentada en un enfoque empírico estadístico y probabilístico, ya que ahora se plantean sistemas de clasificación como más adecuados para indagar sobre los fenómenos comportamentales y sociales. El problema en esta ocasión venía derivado de la falta de rigor metodológico del enfoque cualitativo, por lo que habrá que esperar a las aportaciones de Miles and Huberman (1984), *Qualitative data análisis. A sourcebook of new methods,* y, sobre todo, a Lincoln and Guba (1985), *Naturalistic Inquire,* para dotar de mayor rigor a los procedimientos y dotar de mayor validez a los resultados

La ética y los valores impregnan la investigación comportamental y social, por lo que cuando se quiere transformar y mejorar la práctica desde la investigación-acción los promotores y los participantes de este tipo de investigación adquieren una gran responsabilidad consigo mismos, con la comunidad y, por extensión, con la sociedad. Este compromiso debe interpretarse de manera diferencial, porque cuando se analizan los valores particulares, en los que hemos sido socializados académica, social y profesionalmente, determinan una cosmovisión singular en las personas de lo que significa aprender o enseñar así como de lo que deben ser de las instituciones socioeducativas y la función investigadora en las ciencias comportamentales.

Atendiendo a esta argumentación parece necesario que, a la par que vamos avanzando en la investigación comportamental y educativa, deban explorarse las concepciones y valores de los participantes. La experiencia nos indica que son muchas las instituciones que ni se implican ni adquieren compromisos reales con los proyectos de investigación, interviniendo de manera mecánica y burocrática sobre los objetos de estudio que se les plantean externamente (Álvarez-Arregui and Rodríguez-Fernández, 2023).

Las dificultades se incrementan cuando las instituciones se ven abordadas por múltiples investigaciones y evaluaciones por parte de diferentes agentes, que en muchos casos tienen una baja cualificación como investigadores, en otros tienen una experiencia insuficiente (veanse estudiantes de grado, máster o doctorado) y en muchos casos son docentes-investigadores que no se han socializado en la realidad que investigan o están más preocupados en obtener datos y en publicar que en promover mejoras en los entornos con los que interactúan (Buela-Casal, 2014: Fernández-Rios and Rodríguez-Díaz, 2014). Ante estas situaciones muchos datos que se presentan como resultados no responden realmente a la realidad del objeto de estudio, lo que conlleva un debilitamiento progresivo de la credibilidad de los investigadores, y esto repercute negativamente en la integridad de la investigación en las Ciencias Sociales y humanas.

1.3. Caminos transitados hacia el conocimiento

Sea como fuere el conocimiento siempre es objeto; los caminos se bifurcan, convergen o discurren en paraleo a partir de las decisiones que adoptan las personas que, como seres racionales, ordenan el conocimiento de manera singular, electiva y relativa. El problema es que "la razón" puede establecerse desde múltiples supuestos y referentes, por lo que enmascara intereses e interesados situacionalmente, al tiempo que no puede plantearse como neutral o ingenua. Shulman (1981) ya nos indicaba, afirmando que las concepciones sobre la investigación emergen de concepciones diferentes, de compromisos políticos, o de posicionamientos diferencidos sobre los procedimientos de investigación. La comunidad científica avalará o refuturá los resultados alcanzados, pero en uno y otro caso el conocimiento generado tendrá repercusiones diferenciales en las personas físicas y jurídicas y en el medio ambiente (Álvarez-Arregui and Rodríguez-Fernández, 2023).

Atendiendo a estas argumentaciones es lógico que hayan sido muchos los debates acerca de la epistemología, los objetos de investigación, las metodologías a utilizar y el impacto de los resultados.

Atendiendo a este escenario las Ciencias Naturales y las Ciencias Humanas han ido generando conocimientos desde la medicina, la química, la sociología, la bioética, el derecho, la psicología, la sociología, la historia o la pedagogía, entre otras disciplinas científicas, respondiendo a los grupos de poder sociopolíticos, académicos, culturales y económicos coyunturales y situacionales; es por ello que la ideología siempre ha impregando, en mayor o menor grado, las líneas de investigación y la cosmovisión del investigador y de los equipos. Las desviaciones se han intentado corregir estableciendo criterios que guien las conductas de los investigadores en su trabajo, es decir, plantear códigos profesionales que también han sido y son objeto de debate en función del paradigma de adscripción del investigador. El conocimiento es y será, por tanto, siempre objeto de especial atención de ahí que resulte de interés recordar los procedimientos de racionalización que se han asumido como válidos ya que vienen guiando el saber, el saber hacer y el saber ser de los ámbitos políticos, empresariales, académicos, sociales y medio ambientales (Álvarez-Arregui, 2017).

En base a estas cuestiones vamos a hacer un recorrido esquemático sobre los procesos de racionalización más relevantes que se han ido produciendo, dado que cabe considerarlos como etapas clave. Cada una de ellas fundamentó e impulsó una concepción particular de la razón y el conocimiento para entender y organizar el mundo que han tenido y tienen impactos en los ejes que guían la vida de las personas físicas y jurídicas. Atendiendo a ello podría iniciarse este recorrido en la Edad de Piedra, cuando la humidad empezó a transitar desde el institnto a la autoconocimiento. Solo tenemos que recordar que hace unos dos millones de años los homínidos empiezan a fabricar herramientas, hace medio millón de años ya había enterramientos (Atapuerca), a la vez que entre 50 y 100.000 años aparecen imágenes en piedra relacionadas con la fecundidad; hace 40 mil años comienzan las expresiones pictóricas sobre piedra y sobre unos 15.000 años florece el arte paleolítico. Destacar que hace unos 78.000 años el arte levantino expresa emociones humanas sofisticadas, a la vez que en el tercer y segundo milenio a.c. los acadios y sumerios representan a sus reyes como intermediarios con la deidad y los egipcios ta tenían una mitología muy desarrollada; será al final de la Edad Oscura (hacia el siglo VIII a.c.) cuando se tienen vestigios de la codificación de mitologías de la zona del Levante Mediterránea (se abre una puerta a la comprensión del mundo planteando que los sucesos que ocurren ni son caóticos, ni se deben al azar).

Atendiendo a esta argumentación al explicarse los sucesos, se rechaza el caos y se establece una dualidad entre la acción de los hombres (mortales) y la intervención de dioses y otros entes. Esta ordenación del saber podría calificarse como *Razón Mitológica,* la cual entiende que el conocimiento se desarrollaba a través de la contemplación y la especulación filosófica; la razón sera vista como una herramienta para comprender la naturaleza última de la realidad y el lugar del ser humano en ella. En la Antigua Grecia, Tales de Mileto, Sócrates, Platón o Aristóteles, aceptan que el mundo es comprensible y los sucesos ni son caóticos ni ocurren al azar, pero sustituyen las intervenciones de dioses y entes mitológicos por regularidades ocultas en la naturaleza (leyes) que pueden llegar a conocerse.

La Filosofía surge así como alternativa al mito y se desarrolla la lógica y la metafísica (el todo es la suma de las partes: es posible separar los efectos de diferentes causas, estudiar esas causas separadamente – reduccionismo – y luego agregar sus efectos – teoría de la superposición). Platón, con su teoría de las Ideas, postulará que el conocimiento verdadero no se encontraba en el mundo sensible, sino en un reino de formas eternas e inmutables accesibles solo a través de la razón. Aristóteles, por otro lado, desarrollorá una lógica y un método de clasificación que influyó profundamente en la organización de los saberes durante siglos desde una *Racionalidad Especulativa* (Álvarez-Arregui and Rodríguez-Fernández, 2023; Aufderheide, 2020).

En la Edad Media, la Razón Especulativa se integró con la teología cristiana. Tomás de Aquino, por ejemplo, buscó armonizar la filosofía aristotélica con la doctrina cristiana, argumentando que la razón podía llevarnos a la verdad divina, aunque esta verdad suprema solo podía ser plenamente comprendida a través de la revelación. Este período estuvo marcado por la escolástica, un sistema de pensamiento que intentaba sistematizar todos los saberes humanos dentro de un marco teológico (Gilson, 2014).

El Renacimiento trajo consigo un redescubrimiento de los textos clásicos y un renovado interés por el humanismo. Aunque la Razón Especulativa seguía siendo central, comenzó a gestarse un cambio hacia un enfoque más empírico y experimental que allanaría el camino para la siguiente gran etapa en la historia del conocimiento. Con el advenimiento de la Ilustración en el siglo XVIII, la Razón Científica se convirtió en el motor principal del desarrollo del conocimiento en Occidente. Este periodo estuvo marcado por un énfasis en la observación empírica, el método experimental y la búsqueda de leyes universales que pudieran explicar los fenómenos naturales y sociales (Álvarez-Arregui, 2017).

Los enciclopedistas, jugaron un papel crucial en la promoción de la Razón Científica. La "Encyclopédie", fue un esfuerzo monumental por compilar y sistematizar el conocimiento humano en todas sus ramas, desde las ciencias naturales hasta las artes y la filosofía. Este proyecto no solo pretendía organizar los saberes existentes, sino también promover una visión del mundo basada en la racionalidad, la ciencia y el progreso (Goodman, 2020).

La Razón Científica se fue consolidando con los avances de la Revolución Científica, donde figuras como Isaac Newton y Galileo Galilei transformaron nuestra comprensión del universo. El método científico se convirtió en el estándar para la investigación, y la ciencia comenzó a separarse de la filosofía y la religión, ocupando un lugar preeminente en la sociedad (Gaukroger, 2006).

En paralelo al desarrollo de la Razón Científica, la Razón Tecnológica comenzó a ganar terreno, especialmente a partir del siglo XIX con la Revolución Industrial. La tecnología, entendida como la aplicación del conocimiento científico para resolver problemas prácticos, se aceleró exponencialmente y comenzó a influir en todos los aspectos de la vida humana.

El siglo XX vio un auge en el desarrollo tecnológico, con avances que transformaron radicalmente la sociedad, desde la invención del automóvil y el avión hasta la llegada de la informática y la biotecnología. La Razón Tecnológica se convirtió en un pilar central de la modernidad, y su influencia se extendió más allá de la industria y la economía, penetrando en la política, la cultura y la vida cotidiana (Mumford, 2010).

En la actualidad, esta razón sigue siendo un motor de cambio, pero también ha generado desafíos éticos y sociales. La tecnología no solo reorganiza los saberes, sino que también plantea preguntas sobre el control, la privacidad, y la naturaleza misma del ser humano en una era dominada por la inteligencia artificial y la automatización (Álvarez-Arregui, 2017). Así, mientras que la Razón Científica y la Razón Tecnológica se centraban en el conocimiento y la eficiencia, la Razón Axiológica pone su énfasis en los valores y la estética.

Este enfoque emergente en la modernidad busca ordenar los saberes en función de principios éticos, morales y estéticos, reconociendo que el conocimiento no es neutral, sino que está imbuido de valores (Jonas, 1984). En nuestro entorno cultural, la Razón Sociopolítica, se ha convertido en otro referente a considerar dado que tiene en cuenta las relaciones de poder, la convivencia, el trabajo, la negociación y el conflicto explícito, subyacente y estructural (Foucault, 1977). Este enfoque se materializa en base a las políticas y normas establecidas que regulan el comportamiento de las personas en los distintos entornos en los que habitan.

El derecho, la sociología y la ciencia política son disciplinas que han sido profundamente influenciadas por este enfoque. Los sistemas legales, por ejemplo, son construcciones racionales diseñadas para mantener el orden social y resolver conflictos, mientras que las teorías sociológicas ofrecen marcos para entender cómo se estructuran y cambian las sociedades. En la era contemporánea, este proceso de racionalización también se manifiesta en la gobernanza global, donde las organizaciones internacionales y los acuerdos multilaterales intentan coordinar las acciones de los estados para enfrentar desafíos globales como el cambio climático, la migración y la seguridad (Álvarez-Arregui, et al., 2023).

En las últimas décadas, el interés por la Razón Axiológica ha cobrado fuerza en disciplinas como la ética aplicada, la bioética, la filosofía política y la teoría crítica. Este enfoque también se manifiesta en movimientos sociales y culturales que cuestionan las bases éticas de la tecnología y la ciencia, y que abogan por una mayor responsabilidad social y ambiental en la toma de decisiones. Otro enfoque emergente en la ordenación de los saberes es lo que podemos llamar la Razón de la Vida Cotidiana, cuya racionalidad se basa en las corrientes de opinión populares y en la sabiduría práctica que surge de la experiencia diaria de las personas. A través de plataformas como las redes sociales y los medios de comunicación, las opiniones y conocimientos de las personas comunes han adquirido un peso significativo en la sociedad moderna. Este proceso de racionalización desafía a las formas más institucionalizadas del saber y a menudo se convierte en un espacio para la resistencia y la innovación (De Certeau, 1984).

En este escenario que se va dibujando no podemos obviar la Razón Personal, que es aquella que se refiere a los procesos mediante los cuales los individuos construyen sus propios saberes de acuerdo con su experiencia, esfuerzo e interpretación singular del mundo. Este enfoque reconoce que el conocimiento no solo se organiza a nivel colectivo o institucional, sino también a nivel individual (Sartre, 1956).

La educación personalizada, la autoformación y el desarrollo personal son ejemplos de cómo esta razón se manifiesta a medida que el mundo se va volviendo más interconectado y complejo, es por ello que la capacidad de las personas para interpretar y actuar en su entorno de manera autónoma se ha vuelto crucial (Álvarez-Arregui and Rodríguez-Fernández, 2023).

A este respecto, queremos poner de relieve que el desarrollo científico exponencial en el que nos encontramos inmersos ha hecho emerger una Racionalización Artificial o de la "inteligencia artificial" que supone un nuevo avance en la evolución y transformación de los saberes en la cultura humana. Esta “racionalización” que gestiona algoritmos de aprendizaje automático a través de sistemas autónomos complejos, ha comenzado a reordenar de manera significativa no solo el conocimiento, sino también los procesos de toma de decisiones y las formas de racionalidad humana por lo que podría considerarse como un paradigma emergente en la organización y generación de saberes, donde las máquinas no solo procesan información, sino que también la analizan, toman decisiones, y en algunos casos, crean nuevo conocimiento. Este tipo de racionalización tiene características distintivas que la diferencian de las formas tradicionales de racionalización humana porque automatiza el conocimiento, mejora el rendimiento a través del aprendizaje autónomo, permite tomar decisiones en base a algoritmos y crea nuevo conocimiento o formula hipótesis científicas (Russell and Norvig, 2021).

El escenario que ha abierto la IA incorpora una nueva forma de racionalización que genera nuevas posibilidades y desafíos a las concepciones vigentes. Así, la Razón

Científica se ve potenciada desde el momento que permite desarrollar análisis más rápidos y precisos de datos experimentales además de ayudar en la simulación y modelado de fenómenos complejos. En cuanto a la Razón Tecnológica sus aportaciones resultan evidentes en cuanto a la resolución de problemas prácticos y en la automatización de procesos de racionalización que antes eran dominio exclusivo de la mente humana. Los dilemas que genera hace que la Razón Axiológica se haya visto afectada directamente dado que ahora se requiere dotar de capacidad de discriminar los valores que se programan mecánicamente por lo que deben ser regulados.

El sesgo algorítmico, la privacidad y la responsabilidad en las decisiones tomadas por IA a partir del uso de datos de la red de Internet sin consentimiento son temas muy actuales. En cuanto a la razón sociopolítica se verá alterada desde el momento en que los algoritmos que se programan se utilicen para tomar decisiones en la gobernanza, la seguridad o la justicia. La Razón de la Vida Cotidiana también se ve impactada por asistentes virtuales como Siri o Alexa o por sistemas de recomendación personalizados, que han pasado a formar parte de las redes sociales o de plataformas de streaming que influyen en los procesos de toma de decisiones personales a través de la información que nos proporcionan. La razón personal se ve así también afectada ya que si bien los sistemas de racionalización artificiales amplifican las capacidades del ser humano con más recursos y herramientas también puede ser una puerta que se abre a la manipulación de las personas si se genera una alta dependencia de la misma (Russell y Norvig, 2021).

Atendiendo a estas argumentaciones cabe concluir esta primera parte indicando que la historia de la ordenación de los saberes en la cultura occidental es una historia de evolución y diversificación de las formas de racionalidad. Desde la razón especulativa que dominó la antigüedad y el medioevo, pasando por la razón científica de la ilustración, y continuando con la razón tecnológica que ha marcado la era moderna, cada una ha contribuido a estructurar el conocimiento de maneras específicas. Sin embargo, estas formas de racionalización no agotaron las posibilidades de racionalización del ser humano para comprenderse a sí mismo y a su entorno vital, de ahí que fuesen emergiendo otros procesos de racionalización caso de la razón axiológica, sociopolítica, de la vida cotidiana y personal.

En este escenario ha emergido una forma de racionalización revolucionaria al poner en manos de la humanidad una inteligencia artificial generativa que, al interactuar con el conocimiento generado por las personas físicas y jurídicas, desafía las formas tradicionales de racionalidad por lo que su utilización y desarrollo plantea preguntas fundamentales sobre la naturaleza del conocimiento, la ética y la generación de los saberes.

El cierre del apartado integra la idea de que la historia de la ordenación de los saberes es también la historia de la diversificación de las formas de comprender y transformar el mundo, y que la incorporación de la IA obliga a replantear los fundamentos éticos y epistemológicos de la investigación.

1.4. Fuentes documentales

Álvarez-Arregui, E. (Coord.) (2017). *Universidad, Investigación y Conocimiento: Avances y retos*. Ediuno.

Álvarez-Arregui, E. and Rodríguez-Fernández, C. (2023). Integridad de la investigación en tiempos de incertidumbre. En A. Medina Rivilla y G. L. Huber (eds.), *Identidades migrantes y formación del profesorado. Investigación educativa para el encuentro entre culturas fronterizas* (pp. 95-110). Editorial Universitas.

Álvarez-Arregui, E., Margeviča-Grinberga, I., and Pérez-Navío, E. (2024). *Higher education for sustainable development: Challenges and solutions.* Octaedro

Álvarez-Arregui, E., Rodríguez-Martín, A., Belver Menéndez, A., and Rodríguez-Díaz, C. (2023). Investigación-acción y mejora de la práctica educativa: Perspectivas y retos. *Aula Abierta, 52*(3), 245-260.

Álvarez-Arregui, E., Rodríguez-Martín, A., Belver Menéndez, J. L., and Rodríguez-Díaz, J. (2023). Professional climate in secondary schools. *Bordón, 75*(1), 15-33.

Álvarez-Arregui, E., Samaniego Benavidez, A. G., Herrero Diez, F. J., Rodríguez-Martín, A., and Rodríguez Díaz, F. J. (2025). Psychometric properties of the abbreviated Professional Educational Climate questionnaire (CPE-A). *Educación XX1, 28*(1), 59–85. https://doi.org/10.5944/educxx1.39796

Álvarez-Arregui, E.; Rodríguez-Fernández, C.; González-Melgar, C., and Rodríguez-Martín, A. (2024). *El ADN del desarrollo personal, profesional, institucional y comunitario: la Formación Continua*. Ediuno

Aufderheide, J, ed. (2020). *Aristotle's Nicomachean Ethics Book X: Translation and Commentary*. Cambridge University Press; 2020.

Buela-Casal, G. (2014). La investigación en Psicología. *Anales de Psicología, 30*(3), 1011–1016. https://doi.org/10.6018/analesps

Creswell, J. W., and Plano Clark, V. L. (2018). *Designing and conducting mixed methods research* (3.ª ed.). SAGE.

De Certeau, M. (1984). *The Practice of Everyday Life*. University of California Press.

De Miguel, M. (2015). Ideología y pedagogía empírica: cuestiones para un debate. Revista de *Investigación Educativa, 33*(2), 269-287.

Delgado, A.R. and Prieto, G. (1997). *Introducción a los Métodos de Investigación de la Psicología.* Pirámide

Denzin, N. K., and Lincoln, Y. S. (2018). *The SAGE handbook of qualitative research* (5.ª ed.). SAGE.

Fernández-Ríos, L. and Rodríguez-Díaz, F.J. (2014). The "impact factor style of thinking". A new theoretical framework. *International Journal of Clinical and Health Psychology, 14* (2), 154-160. https://doi.10.1016/S1697-2600(14)70049-3

Flick, U. (2018). *An introduction to qualitative research* (6.ª ed.). SAGE.

Foucault, M. (1977). *Discipline and Punish: The Birth of the Prison*. Vintage Books.

Foucault, M. (1982). The Subject and Power. *Critical Inquiry, 8*(4). https://doi.org/10.1086/448181

Gilson, E. (2014). *La Filosofía de la Edad Media*. Gredos

Habermas, J. (1999). *Teoría de la acción comunicativa*. Taurus.

Henningsen, J. (1984). *Teoría y métodos en la ciencia de la educación.* Herder.

Miles, M.B. and Huberman, A.M. (1984), *Qualitative data análisis. A sourcebook of new methods.* Sage

Mumford, L. (2010). *Technics and Civilization*. University of Chicago Press.

Peña, D. (1986). *Estadística, Modelos y Métodos*. Alianza Universidad

Russell, S., and Norvig, P. (2021). *Artificial intelligence: A modern approach* (4.ª ed.). Pearson. https://doi.org/10.1109/MSP.2017.2765202

Sartre, J.-P. (1956). *Being and Nothingness: An Essay on Phenomenological Ontology*. Philosophical Library.

Shulman, L. (1981). Disciplinas de investigación en educación: An overview. *Investigación educativa, 12*(8), 3-9.

CAPÍTULO 2

Capítulo 2

Investigación sistemática y social sostenible

Francisco Herrero Díaz
Titular de Psicología
Universidad de Oviedo
herrero@uniovi.es
https://orcid.org/0000-0001-8950-1714

Francisco Javier Rodríguez Díaz
Catedrático de Psicología
Universidad de Oviedo
gallego@uniovi.es
https://orcid.org/0000-0002-5899-439X

Emilio Álvarez-Arregui
Catedrático de Didáctica y Organización
Universidad de Oviedo
alvarezemilio@uniovi.es
https://orcid.org/0000-0002-4657-753X

Resumen

El segundo capítulo se centra en la investigación sistemática aplicada a las Ciencias del Comportamiento. Se analizan los fundamentos conceptuales y metodológicos de la investigación sistemática, así como su papel en la generación de conocimiento fiable y contrastable. Se presentan los distintos tipos de revisiones (narrativas, sistemáticas y metaanálisis) y se destaca su importancia para sintetizar evidencias en contextos académicos y profesionales. El capítulo subraya la necesidad de diseñar procesos rigurosos de búsqueda, selección, análisis e interpretación de la información, atendiendo a criterios de validez, transparencia y replicabilidad. También se abordan los retos y limitaciones asociados a la investigación sistemática, como la heterogeneidad de los estudios, el sesgo de publicación o la complejidad metodológica, proponiendo alternativas para fortalecer la calidad científica y el impacto social de los resultados.

Palabras clave: Investigación sistemática, revisiones, metaanálisis, validez, ciencias del comportamiento, síntesis de evidencias.

Abstract

The second chapter focuses on systematic research applied to the Behavioral Sciences. It analyzes the conceptual and methodological foundations of systematic inquiry, as well as its role in generating reliable and verifiable knowledge. Different types of reviews (narrative, systematic, and meta-analysis) are presented, emphasizing their relevance for synthesizing evidence in academic and professional contexts. The chapter highlights the need to design rigorous processes of information search, selection, analysis, and interpretation, following criteria of validity, transparency, and replicability. It also addresses the challenges and limitations of systematic research, such as study heterogeneity, publication bias, and methodological complexity, while proposing alternatives to strengthen scientific quality and the social impact of findings.

Keywords: Systematic research, reviews, meta-analysis, validity, behavioral sciences, evidence synthesis.

2.1. Contextualización

A lo largo de los postulados anteriores hemos puesto de manifiesto algunas de las situaciones que se gestan en la investigación de las Ciencias Sociales y comportamentales para generar conocimiento. Aquí llega, pues, la pregunta que todo analista de las Ciencias Sociales y comportamentales debe plantearse, es decir, no es ¿qué técnica debo utilizar, sino ¿cómo puedo entender las principales características de este conjunto de datos? En esta línea, Sánchez Carrión (1999) en la introducción de su libro *Manual de Análisis Estadístico de Datos* refiere: *Este manual trata del análisis de los datos, y no sólo de estadística, como suele ser habitual en otros libros, por la sencilla razón de que son cosas distintas. El análisis de los datos es un oficio en el que tienen gran importancia las herramientas estadísticas, pero sin embargo no es solamente estadística. Con mis alumnos suelo emplear el ejemplo del fontanero para ilustrar la diferencia entre análisis de datos y estadística. Este profesional necesita para desarrollar su oficio una caja llena de herramientas, con las que hace su trabajo de fontanería. La utilización que hace el fontanero de esas herramientas es específica de su profesión, aunque muchas de las herramientas sean las mismas que utiliza el carpintero o el mecánico de automóviles. Las herramientas no se confunden con el oficio. De igual manera, el analista de datos tiene su propia caja de herramientas llena de teoría del muestreo, medias, desviaciones típicas o coeficientes de regresión, que son las mismas que utilizan otros profesionales, pero que él emplea, en unión de sus conocimientos teóricos y en función de su práctica profesional.*

En esta línea de pensamiento, Chatfield (1985) enumera los siguientes pasos/componentes: clarificar los objetivos de la investigación, recoger los datos de una manera adecuada, investigar la estructura y calidad de los datos, realizar un examen inicial de los datos, seleccionar y realizar los análisis estadísticos formales apropiados, comparar los resultados con hallazgos previos o recoger más datos si fuera preciso y, finalmente, interpretar y comunicar los resultados. En este contexto es lógico que se generen múltiples dilemas a los investigadores, tanto en la justificación de los proyectos, en su diseño, en el trabajo de campo, como en la transferencia de los resultados obtenidos; y por este motivo vamos a presentar de manera esquemática algunas argumentaciones, en las que estamos fundamentando nuestra forma de proceder, donde la revisión sistemática va a favorecer que nos encontremos con el estado actual de conocimiento de la investigación a plantear.

Cabe manifestar desde la experiencia propia, en primer lugar, que cuando se adopta una posición abierta ante la metodología de la investigación para generar conocimiento siempre nos hemos encontrado, en mayor o menor grado, con el clásico enfrentamiento entre Ciencias Naturales y Ciencias Humanas. En este punto, siempre hemos mantenido la posición de que las ciencias no son antagónicas, sino complementarias; algo que va quedando reflejado en los enfoques sistémicos (Álvarez-Arregui, et al., 2023; y Álvarez-Arregui et al., 2024), donde el intercambio permanente de metas, modelos, técnicas y lenguajes entre las diferentes ramas y disciplinas científicas es una realidad contrastada, más en los países centroeuropeos y asiáticos. Piaget (1975), hace décadas, ya nos informaba de que las Ciencias Humanas se van naturalizando desde el momento en que adoptan métodos estadísticos y probabilísticos desarrollados en el dominio de las Ciencias Naturales; viceversa, las Ciencias Naturales se humanizan adoptando términos, lenguajes y esquemas establecidos desde las Ciencias Humanas. En el caso de las disciplinas que se integran bajo el paraguas de las Ciencias Humanas cabe indicar el desarrollo científico tecnológico exponencial que esta acaeciendo está generando datos, interacciones y modelos tan complejos como la propia realidad a la que se refieren. Ello avala la necesidad de adoptar un enfoque abierto en la investigación en general, y en la socioeducativa y comportamental, en particular.

En una sociedad tan dinámica es lógico que emerjan nuevos esquemas y sistematizaciones que cuestionen los ya existentes. De ahí que se esté huyendo de los sistemas lineales, que pueden analizarse a través del estudio pormenorizado de sus componentes individuales, superponiendo todos ellos (de forma física o matemática) para obtener la solución. Las propiedades de estos sistemas son predicibles a partir de sus componentes individuales y de unas reglas de interacción. En este punto se hace necesario recordar que los sistemas lineales son compuestos (con varios componentes), pero no complejos (las propiedes son explicables a través de la aplicación de ciertas leyes) y la síntesis de los componentes es trivial (integral). Este planteamiento conlleva que la entropía del sistema permanece constante durante el proceso de que se trate (reversibilidad), no hay flecha del tiempo (la "película" se puede ver indistintamente hacia adelante o rebobinada), la solución es la integral / sumatorio de alguna variable presente en cada componente, los problemas tienen soluciones lógicas basadas en los componentes y las reglas de infracción por lo que el mundo es sencillo, predecible y comprensible (pero este análisis no es aplicable a sistemas complejos).

Las relaciones lineales han evolucionado hacia las relaciones circulares en el ambito de las ciencias comportamentales puesto que la compresión, la interpretación, la explicación y la intervención, para la mejora de cualquier fenómeno/caso, exige de esta en todo el espacio de las Ciencias Humanas y Sociales. Al respecto, siempre hemos compartido con Pérez Gómez (1978), la necesidad de superar la división dualista que se establece entre los sectores científicos, sea cual fuere el criterio en función del cual se haya generado dicha dualidad: inductivo-deductivo, abstracto-concreto, general-particular, formal-factual, de la naturaleza-de lo humano, falsables-conjeturables, probables-exactas.

Este argumentario respalda la necesidad de establecer sistemas de clasificación más complejos por parte de los investigadores de lo sociocomportamental, cosa que no suele ser habitual cuando se adoptan posicionamientos cuantitativos y cuantificables. Estos posicionamientos cada vez son más cuestionados a medida que se va profundizando en los sistemas no lineales, aquellos que exhiben propiedades que no se derivan de sus componentes básicos o de una aplicación sencilla de las reglas de interacción. Estos sistemas no son solo compuestos (varios componentes) sino también complejos (componentes interactúan entre sí) de ahí que el sistema no se puede resolver por la mera agragación /integración de propiedades individuales, con lo que se rompe la simetría temporal y aparece la flecha del tiempo; además se distorsiona el principio de superposición y emergen nuevas propiedades. Estas cuestiones son más habituales en la tecnología, pero lo olvidamos a través de "simplificaciones" y "modelizaciones" teórico-experimentales de aquellos sistemas que priorizan la búsqueda de resultados. Ejemplos no lineales los encontraríamos en el humo de un cigarrillo al ascender (transición laminar-turbulento); ir de compras al Rastro (mercado imperfecto, no transparente) o la autoconciencia de un ser humano, más allá de su complejidad biológica (propiedes emergentes).

Hay que ser conscientes de que el mundo se ha vuelto más complicado, impredecible e incomprensible, cuando se aborda desde los sistemas no lineales. La complejidad se asocia con causas estadísticas, cuando la probabilidad de los sucesos incolucran a grandes números (moléculas de un gas en un recipiente en cuantías conmensurables al número de Avogrado), la entropía (caso como la macroeconomía o la cosmología), comportamiento caótico de componentes asociados a comportamientos cíclicos no repetitivos, con alta sensibilidad las condiciones iniciales que se representan gráficamente por atractores y fractales (meteorología, biología, éxito empresarial, historia, efecto mariposa), incertidumbre intrínseca de los componentes (incertidumbre cuántica derivada del principio de indeterminación de Heisenberg ¿hay libre albedrío?), aparición de sinergias y propiedades emergentes (el todo es más que la suma de las partes: medicina, magemente, religión).

En este escenario una información importante es que el mundo está hecho de átomos. Cabe deducir, de ello, que todos los sistemas están formados por componentes más simples; si tenemos en cuenta las variaciones de escala de potencias de 10 siempre nos vamos a encontrar un escala inferior (ej. Galaxia, sistema solar, la tierra, el hombre, la célula, el DNA, el átomo...).

Aquí el camino descendente es el análisis y el ascendente la síntesis; las ciencias suelen tratar de explicar los sucesos en una escala examinando componentes de una escala inferior (caso paradigmático son los aceleradores de partículas, como el LHC en Ginebra), y en ello la mala noticia es que la solución de un sistema no lineal no radica en sus componentes, porque cuando se produce un suceso todas las escalas influyen a la vez. Por ello, el problema no se encuentra en el análisis, sino en la síntesis y en las posibles interacciones que se generan entre varias escalas.

En cualquier caso, encontramos razones para no ignorar o abandonar las aproximaciones analíticas y centrarnos en las sintéticas, a saber:

- Las teorías basadas en análisis promenorizados de componentes pueden no ser completas conceptualmente, pero han sido lo suficientemente fecundas como para llevarnos a la Luna.
- El análisis de componentes elementales proprocionan conocimientos detallados de los sistemas imposibles de conseguir de otra forma. Permite acumular conocimiento y conjeturar sobre el sistema global.

Tanto las Ciencias de la Naturaleza como las Ciencias Sociales construyen modelos teóricos basados en análisis de componentes, completados con síntesis "ad hoc" fruto de la experiencia, entrando en iteraciones; procesos de pueba y error (accidente del Challenger).

A este respecto se recuerda que estudios de comportamientos cooperativos no coordinados centralmente, como por ejemplo transiciones en fase (licuefacción, magnetismo), o comportamientos económicos racionales (mano invisible de Adam Smith) sugieren que determinados aspectos de propiedades emergentes pueden ser susceptibles de análisis.

Aproximaciones exclusívamente sintéticas, sin bases analíticas, pueden conducir a graves errrores y a defender teorías apriorísticas sin base experimental (políticas populistas donde la ortodoxia doctrinal censura la realidad, cuando contradice la narrativa). Debe tenerse presente, por tanto, que los análisis de sistemas lineales no son erróneos, sino son productos de enfoques simplificados; de ahí que tenga que asignarseles un rango de validez. A este respecto, debe considerarse que los análisis tienden a reflejarse en teorías y las síntesis en experimentos. Así para conocer y comprender el mundo conviene distinguir entre lo que sabemos describir (cómo) y lo que sabemos explicar (por qué), por lo que las barreras se sitúan en nuestra limitada comprensión de los sistemas no lineales, ya que puede ser externa (la propia complejidad de la naturaleza) o interna (nuestra forma de pensar).

En este punto conviene recordar que la problemática que se genera en los procesos de síntesis está íntimamente asociada con las funciones cerebrales, ya que el cerebro proporciona dos tipos de visión sintética. Una que estaría dominada por el "cerebro reptiliano", que está detrás de los comportamientos de lucha o huida (fight or fly) de carácter instintivo (respuesta refleja e instintintiva), que no responde a criterios racionales.

Una segunda se refiere a la *especialización del hemisfrerio derecho que efectua la síntesis*, frente a *la especialización del hemisferio izquierdo que se centra en el análisis*. La sincronización de las dos partes se produce a través del cuerpo calloso y es en esa zona donde se produce el proceso de síntesis; cuando ello se consigue, se adquiere una visión "holística" del asunto (del todo y las partes) donde aparecen los momentos "eureka", que nos proporcionan una nueva visión o la resolución de situaciones entendiendo las razones. La mala noticia es que todavía no sabemos cómo, cuándo y por qué se desencadena.

Sea como fuere, la comprensión del mundo requiere tener conocimiento fundamentado de los sistemas complejos intrínsecos asociados a ciencia y sistemas asociados al pensamiento y, por el momento, este es todavía muy limitado; por ello, abordar la complejidad requiere seguir analizando los elementos de los diferentes campos, objetos, métodos e interacciones para generar síntesis eco y edusistémicos que integren a las disciplinas, pero también a las interacciones que se producen dentro de ellas (intra), entre ellas (inter) y fuera de ellas (trans) de tal forma que enriquezcan los esquemas mentales y artificiales para generar ideas, desplegar proyectos y establecer leyes desde una reflexión, un debate, y una crítica profunda argumentada, ética y sostenible. Se podrá ir construyendo un marco plural que permita transitar entre las disciplinas ya existentes como de aquellas otras que se encuentren en un proceso de sistematización.

Si focalizamos la atención en el ámbito educativo, y en las personas físicas y jurídicas implicadas, no podemos olvidar la promoción de la investigación atiende, explícita o implícitamente, a una ideología que hemos denominado como cosmovisión. No es otra cosa que proyectar sus propios puntos de vista e intereses sobre lo que son y deben ser las instuciones de formación y sobre cuál es el papel de las personas que concurren en ellas. En este espacio se conjugan concepciones antropológicas, filosóficas, simbólicas, técnicas y políticas, entre otras, que afectan a la humanidad y consideran:

¿Qué papel deben jugar los centros educativos en cada momento respecto a la sociedad en general, y a las personas en particular?

¿Qué contenidos son importantes y en qué momento deben adquirirse?

¿Cuáles son los mejores procedimientos para alcanzar los objetivos/competencias deseables?

¿Cuál es el sentido de las etapas, niveles y evaluaciones educativas?

¿Qué problemas sociales deben ser susceptibles de ser incorporados para alcanzar formar a personas competentes?

¿Quiénes deben seleccionar los currículum?

¿Qué grado de control y de autonomía se va a conceder a las organizaciones de formación para desarrollar sus funciones?

¿Qué extensión debe darse a la formación obligatoria de los ciudadanos y con qué profundidad?

¿Cómo se van a distribuir las parcelas de decisión por parte de los diferentes sectores sociales implicados?

¿Para qué estudia y trabaja el hombre?

¿Qué satisfacciones encuentran en el estudio y en el trabajo?

¿Cómo se deben de distribuir las responsabilidades entre instituciones públicas y privadas?

¿Bajo qué principios deben y debemos orientarnos?

¿Qué papel deben jugar los estados, las comunidades autónomas, las comunidades locales y las comunidades educativas?

...

Es básico, por tanto, tener en cuenta la ideología que subyace en los diseños y modelos de investigación, así como la cosmovisión de las personas físicas y jurídicas que los promueven o avalan. Uno debe aceptar que aquello en lo que creemos, los presupuestos que tenemos sobre el hombre y la interpretación que hacemos sobre las conductas deseables que se deben desarrollar en contextos singulares han ido conformando corrientes de pensamiento, a las que nos adscribimos de manera consciente o inconsciente.

En nuestro caso, avalamos la idea de que la génesis del conocimiento se asocia a un *constructivismo genético* (Piaget, 1970), donde la asimilación de un nuevo esquema científico requiere la reconstrucción de la teoría anterior, que requiere un proceso de sensibilización acompañado de una reculturización para su aceptación; esto genera que vayan apareciendo niveles cualitativos diferentes, desde los que se reorganizan los elementos del viejo sistema o modelo reorientando la interpretación de todos los fenómenos que se producen en un nuevo sentido.

Kuhn (1975) ya hacía referencia a estas cuestiones, cuando distinguía entre ciencia normal, etapa en la que se produce la estabilización de desarrollo de los paradigmas y períodos revolucionarios, que son aquellos momentos de transformación de los marcos de referencia; es decir, en donde tras una crisis del antiguo paradigma se produce un surgimiento del nuevo que generará, necesariamente, controversias y conflictos de distinto signo. De aquí surgió el concepto de ciencia madura, entendida como aquella que permite transiciones de unos paradigmas a otros a través de estos períodos que se denominan revolucionarios.

Es importante tener presente que tras un período de inestabilidad, el paradigma emergente luchará por reafirmarse hasta que es aceptado por la mayoría de la comunidad de científicos iniciándose una extensión del mismo, lo que provoca una proliferación de teorías, reglas, leyes y normas de aplicación que originan nuevos esquemas teóricos y pautas interpretativas. Ello va conformando una nueva cosmovisión que afectará a la investigación, al investigador, al objeto de estudio, a la metodología y la ideología subyacente en todo el proceso.

Los procesos de adaptación siempre generarán anomalías derivadas del incumplimiento de las expectativas provocadas por el paradigma emergente, lo que dará lugar a reajustes en la teoría hasta que llegue un momento en que la problemática se generaliza. Las mayores crisis se producirán como resultado de la desconfianza y de la desintegración paulatina o repentina de la estructura del paradigma vigente.

Ese momento es relevante, porque aquí sucede lo que venimos denominado como período "extraordinario" o "revolucionario", que derivará en una búsqueda de nuevos sistemas interpretativos, que darán lugar a nuevas cosmovisiones.

Abordar estas cuestiones requiere indagar en múltiples campos para superar los dilemas a los que nos enfrentamos. En nuestro caso indicaremos algunos referentes en los que nos venimos apoyando para defender nuestras argumentaciones. Estamos de acuerdo con Shulman (1989), cuando comenta que Kuhn se equivocó al considerar que esta característica de las Ciencias Sociales era una debilidad de su desarrollo. En nuestra opinión, la coexistencia de escuelas divergentes de pensamiento en las Ciencias Sociales y en la Educación, y en general en las ciencias comportamentales, presupone un estado natural y maduro de su evolución.

Las propuestas de Merton (1975) nos parecen acertadas; es decir, cuando sostiene la superioridad de un pluralismo paradigmático sobre una corriente única de pensamiento. En nuestra opinión, la diversidad de perspectivas fomenta el desarrollo de estrategias diversas para la investigación, superando el encorsetamiento que provoca la investigación desde un paradigma único.

Abordar la problemática comportamental desde diversos paradigmas permite abrir perspectivas, y favorece el descubrimiento de las capacidades y limitaciones de cada uno. De este modo se hace posible identificar los tipos y gamas de problemas que se abarcan en cada caso y para los que sirve cada uno de ellos; de esta forma permite entrever los aspectos en que son complementarios o contradictorios.

Las argumentaciones de Erikson (1989) sobre estas cuestiones nos parecen apropiadas en este contexto, cuando afirmaba que los conflictos en la investigación sobre lo educativo no son en realidad una competencia entre el paradigma y el discurso científico como planteó Lakatos (1978), ya que *...rara vez se reemplazan viejos paradigmas por falsación. En cambio, los paradigmas más viejos y los más nuevos tienden a coexistir, como sucede con la física de Newton, que puede usarse para algunos fines, pese a la competencia que le ofrece la física de Einstein, la cual para otros fines la ha desplazado. Particularmente en las Ciencias Sociales, los paradigmas no mueren; desarrollan venas varicosas y se les coloca marcapasos cardiacos. La perspectiva de la investigación estándar sobre la enseñanza y la perspectiva interpretativa son, en efecto, teorías rivales – programas de investigación rivales -, si bien es poco probable que la segunda llegue a reemplazar por entero a la primera.*

Este autor dejan entreveer que los planteamientos previos que se adopten sobre los fenómenos socioeducativos –metodológicos, conceptuales, ideológicos y profesionales- producirán distintos tipos de conocimiento que son susceptible de interpretarse de manera integrada, excluyente o interesada por parte de los administradores de lo socioeducativo. Se entiende por tales los políticos y los profesionales encargados de tomar decisiones, para desplegar dichos conocimientos en sus ámbitos específicos de actuación.

Por consiguiente, a la hora de analizar, interpretar y aplicar los conocimientos existentes en un determinado campo hay que tener en cuenta su génesis. En la superación de este dilema nos parecen muy interesantes las aportaciones que nos hace Shulman (1989: 69), que sugiere diferenciar el tipo de conocimiento que se genera a través de las investigaciones. A modo de ejemplo señalamos las siguientes:

Proposiciones empíricas:

Generalizaciones derivadas de los resultados empíricos.

Investigaciones proceso-producto principalmente.

Proposiciones morales:

Generalizaciones normativas derivadas de posiciones de valor, análisis éticos o compromisos ideológicos.

Las proposiciones morales previas pueden referirse a la equidad, la igualdad de oportunidades...

Invenciones conceptuales, clarificaciones y crítica:

Desarrollos conceptuales derivados del trabajo empírico.

La comprensión teórica, la sabiduría práctica y las generalizaciones empíricas tienden a combinarse en una formulación más general a partir de actos imaginativos.

Ejemplos de prácticas adecuadas o inadecuadas:

Suelen ser descripciones de casos de profesores, aulas o escuelas.

No pretenden la generalización empírica, sino que se proponen como ejemplos de actuaciones concretas, en contextos determinados con relación a unos objetivos educativos.

Tecnología o protocolos de procedimiento:

Son enfoques sistemáticos de la instrucción.

Especifican la secuencia de los hechos educativos deseables.

Las repercusiones que acarrea este posicionamiento desde una perspectiva amplia son complejas. Por ello, en las Ciencias Sociales y Comportamentales tendremos que tener en cuenta las consideraciones previas y preguntarnos por el continente y el contenido en que nos vamos a mover. Este planteamiento nos permitirá acotar aquellos aspectos que se consideren más pertienentes, y que nos permitan argumentar desde parámetros comunes interconectados. También queremos apuntar que la *perspectiva ecléctica disciplinada* nos parece una estrategia apropiada para investigar en nuestro ámbito.

En este sentido, aquellos que pretendan adentrarse en este ámbito deberían estar capacitados para utilizar enfoques alternativos simultáneamente, atendiendo a los objetivos y diseños de los objetos de investigación. En cualquier caso, adoptar el pluralismo integrador como estrategia metodológica hace necesario plantear, como punto de partida, el reconocimiento de la validez y profesionalidad de quienes trabajan con metodologías distintas y flexibilizar los posicionamientos exclusivistas, para aceptar e incorporar otros procedimientos metodológicos en el modo de abordar los problemas y buscar soluciones (de Miguel, 2015).

Este estrategia metodológica requiere ser explicada, ya que no consiste en hacer combinaciones de dos metodologías, ni síntesis, ni sincretismos, cuyo producto sea algo nuevo distinto de las dos cosas de las que partimos. Lo que se propone es una mejora de la metodología que más nos convence en general o que nos parece más apropiada para el problema que estamos estudiando, utilizando herramientas y procedimientos de la otra que nos puedan ser útiles (Álvarez-Arregui, 2017).

En cualquier caso, la propuesta orientada hacia la búsqueda de un "pluralismo integrador" no ha tenido la respuesta esperada ya que, en vez de avanzar hacia una opción dialéctica donde se utilizaran las diferencias entre perspectivas metodológicas contrapuestas para avanzar en nuevos modos de conocimiento, se derivó hacia una actitud mas permisiva parecida a la epistemología radical (Feyerabend, 1982), en la que "todo vale", en vez de avanzar y mejorar mediante un proceso crítico que nos permitiera reflexionar sobre las bases epistemológicas que utilizamos.

Como soporte de nuestras investigaciones optamos por una actitud ingenua, sustentada sobre el principio de que no existe ninguna idea que no contribuya a mejorar nuestro conocimiento. La dimensión teórica que debe sustentar toda investigación queda así desvirtuada y, en consecuencia, su rigor y coherencia se desvanece tal y como se puede observar en muchos de los diseños y procesos de investigación en las ciencias comportamentales que se promueven (Álvarez-Arregui, 2017).

La posición abierta que mantenemos con relación a la integración y/o complementariedad paradigmática en el diseño de modelos de investigación, por ejemplo en Educación, se opone a aquellas posiciones eclepticas salvajes, donde se mezclan distintas metodologías de investigación con escasa o nula reflexión acerca de los objetivos, perspectivas y conocimientos que se generan y menos aún si se utilizan, posteriormente, para tomar decisiones que afectan a la vida de las personas sin haber valorado suficientemente su impacto.

Las dudas que se plantean a lo largo del proceso investigador no se pueden simplificar adoptando una posición ideológica que supedite a la lógica. El investigador no puede estar al margen de su ideología, porque forma parte de él mismo; pero una vez que se reconoce, debe intentar no adulterar el proceso de investigación y la utilidad de los resultados. La responsabilidad social de los investigadores conlleva una mejora de la práctica, pero también actuar con el mayor rigor y sentido ético posible para no pervertir el proceso, los resultados y el impacto.

Como ya hemos apuntado, el Código Europeo de Conducta para la Integridad de la investigación revisado que se está desplegando a nivel europeo (ALLEA, 2023) puede ayudar a superar los dilemas que se plantean a los investigadores en sus actuaciones profesionales, y que transcienden a la opción paradigmática elegida porque siempre estará mediatizada por su ideología.

Sea como fuere, compartimos con de Miguel (2015) que subscribir un código ético o deontológico no resuelve definitivamente el problema del condicionamiento que la ideología del investigador genera sobre el proceso y utilidad de los resultados. No se puede obviar en este contexto que la mayoría de estos códigos se construyen sobre las "competencias" que se consideran necesarias para ejercer la función investigadora o sobre los "estándares" de calidad que deben orientar sus actuaciones profesionales, pero no suelen indicar la decisión que se debe tomar en cada caso concreto cuando se ponen en juego opciones teóricas y metodológicas contrapuestas. Por todo ello, consideramos necesario que en toda investigación los promotores expliquen los dilemas a los que se ha enfrentado en su trabajo, y expongan las razones que le han llevado en cada caso a elegir una determinada opción. Explicar estas cuestiones es una exigencia ética insoslayable, si queremos que las opciones elegidas en nuestro planteamiento estén justificadas.

2.2. Fase I. Diagnóstico profundo

La posición que hemos adoptamos con relación a la investigación en Ciencias Comportamentales atiende al argumentario que se ha venido haciendo en los apartados precedentes. De ahí que se obre con cautela para no posicionarse a priori en una plataforma conceptual, dado que entendemos que no hay una superioridad paradigmática, sino una complementariedad. La presente propuesta se enmarca en el ámbito educativo, adoptando una perspectiva sistémica dado que se considera el más adecuado para abordar la complejidad inherente al fenómeno comportamental, considerando la interacción de múltiples factores y dimensiones. A este respecto, también nos parece importante retomar de manera adaptada y actualizada las aportaciones de Schwab (1960, 1978), para incorporar en nuestros diseños de investigación lo que denomina como *la gran estrategia metodológica,* donde se sustenta la idea de que la comprensión de la realidad socioeducativa; por su carácter poliédrico, requiere ser abordado desde diferentes análisis que se complementan.

Hecho este inciso, se plantea una estructura de la investigación que se fundamenta en cinco fases principales, que se han diseñado para contribuir de manera articulada al logro de la comprensión del proceso de investigación y de los objetivos de esta, donde como contribución básica a reconocer la realidad contextualizada de nuestra problemática se presenta este libro (ver Figura 2.1.).

La primera fase de la investigación se centra en la contextualización del problema de estudio dentro del entorno de los resultados obtenidos como respuesta a nuestro objetivo. En esta fase también se tiene en cuenta que los hechos han sido y son objeto de múltiples estudios e investigaciones desde los diferentes campos de conocimiento. Ahí es donde es necesario se plantee una *primera revisión sobre el objeto de estudio.* Este proceso debe ser lo más sistemático y riguroso posible, ya que si se frivoliza en este punto pueden producirse errores importantes, tales como volver a investigar sobre lo mismo o no aportar conocimiento relevante. Esta fase es crucial, al proporcionar ella el marco de referencia desde el cual se abordará la investigación.

Objetivos:

1. Identificar y delimitar el problema específico que se abordará en la investigación.
2. Analizar el contexto en el que se desarrolla el fenómeno comportamental, considerando factores sociales, culturales, económicos y políticos que puedan influir en el mismo.
3. Establecer el propósito de la investigación en relación con las necesidades y desafíos identificados en el contexto.

Procedimientos y Metodologías:

- **Revisión del Contexto Comportamental:** Se llevará a cabo una revisión exhaustiva de la literatura existente, con el fin de comprender el contexto o, tanto a nivel local como global.

- **Análisis Situacional:** Se realizarán estudios preliminares para analizar el entorno específico en el que se ubica el problema de estudio. Esto puede incluir análisis de políticas educativas, revisión de informes institucionales, y entrevistas con actores clave en el ámbito de estudio (expertos, investigadores, profesores).

- **Definición del Problema:** A partir del análisis contextual, se procederá a la formulación precisa del problema de investigación. Se utilizará un enfoque sistémico para examinar las interrelaciones entre los diferentes factores que afectan el problema de estudio.

2.3. Fase II: Fundamentación

La segunda fase de la investigación se enfoca en la fundamentación teórica y empírica del estudio. Ello es esencial para construir el marco teórico que guiará la investigación y sustentar empíricamente las hipótesis o preguntas de investigación que se desarrollarán.

Objetivos:

- Desarrollar un marco teórico robusto que explique el fenómeno en estudio.
- Revisar y sintetizar la literatura empírica existente que se relacione con el problema de investigación.
- Formular hipótesis de trabajo o preguntas de investigación basadas en la teoría y la evidencia empírica revisada.

Procedimientos y Metodología:

Revisión de la Literatura Teórica: Se realizará una revisión sistemática de la literatura académica, identificando teorías y modelos que sean relevantes para explicar el fenómeno comportamental bajo estudio. Se prestará especial atención a teorías que adopten una visión sistémica y que integren perspectivas cuantitativas y cualitativas.

Revisión de la Literatura Empírica: Además de la literatura teórica, se revisarán estudios empíricos previos que hayan investigado fenómenos similares. Se evaluará la metodología, los hallazgos y las conclusiones de estos estudios para identificar patrones y áreas que requieren mayor investigación. Prestando relevante atención a las limitaciones y perspectivas futuras de la literatura previa.

Construcción del Marco Teórico: Con base en la revisión de la literatura, se desarrollará un marco teórico que articule las teorías y modelos relevantes, proporcionando una base sólida para la investigación. Este marco teórico servirá como guía para la formulación de las hipótesis o preguntas de investigación.

Figura 2.1. Fases principales de manera articulada para el logro de la comprensión del proceso de investigación

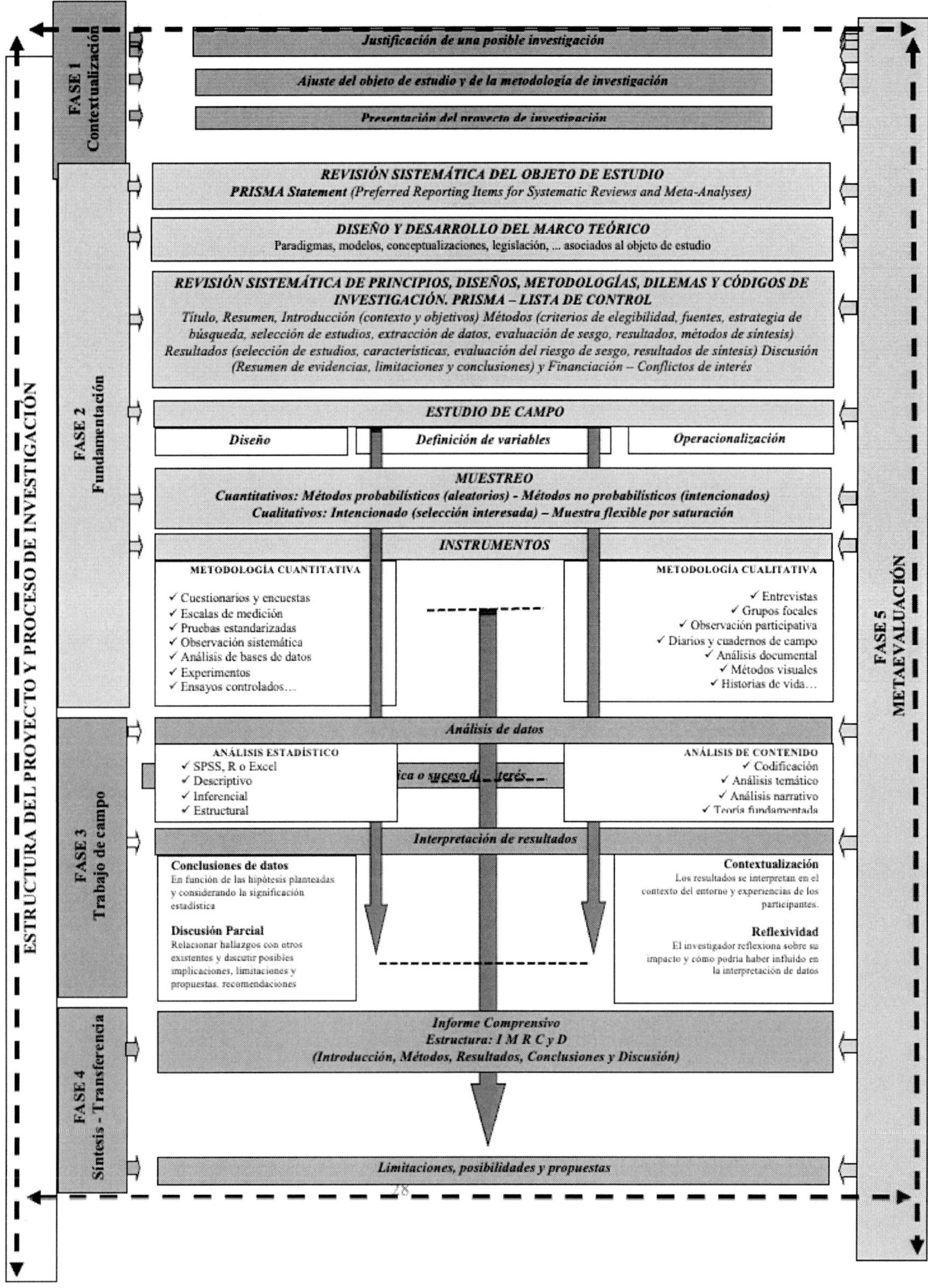

Formulación de Hipótesis o Preguntas de Investigación: Basándose en el marco teórico y la evidencia empírica revisada, se formularán hipótesis claras y específicas

(para enfoques cuantitativos) o preguntas de investigación abiertas (para enfoques cualitativos). Estas hipótesis o preguntas guiarán el trabajo de campo.

Atendiendo a esta argumentación nos vamos a detener en las revisiones sistemáticas de documentos en bases de datos de ciencias de Educación y Comportamentales. Ellos ofrecen una metodología de investigación de la que nos ocuparemos en el libro y que se es utilizada para sintetizar y analizar de manera rigurosa la evidencia disponible sobre un tema específico, dentro del ámbito de las nuestras ciencias. El procedimiento que se sigue es particularmente útil para reunir y evaluar la investigación existente de manera exhaustiva, ayudando a los investigadores, educadores y formuladores de políticas a tomar decisiones informadas, basadas en la evidencia.

A manera de recordatorio se presentan los siguientes:

Formulación de la pregunta de investigación: Se define una pregunta clara y específica que guiará toda la revisión. Esta pregunta generalmente sigue el formato **PICOS** (Población, Intervención, Comparador, Outcome/Resultado, Study design/Diseño de estudio) o PECOS (Participantes, Exposición, Comparación, Outcome/Resultados, Study design/diseño de estudio).

Búsqueda de la literatura: Se realiza una búsqueda exhaustiva en bases de datos académicas relevantes para la educación, como ERIC, Scopus, Web of Science, PubMed y PsycINFO, entre otras. En esta etapa, se utilizan palabras clave y términos de búsqueda específicos para asegurar que se recupere toda la literatura relevante.

Criterios de inclusión y exclusión: Se establecen criterios claros para determinar qué estudios se incluirán o excluirán de la revisión. Estos criterios pueden basarse en la calidad del estudio, el tipo de diseño de investigación, el idioma, el año de publicación, entre otros.

Evaluación de la calidad de los estudios: Los estudios seleccionados se evalúan críticamente para determinar su validez, relevancia y calidad metodológica. Herramientas como las listas de verificación de calidad pueden ser utilizadas en este proceso.

Extracción de datos: Se extraen datos relevantes de cada estudio incluido, como el tamaño de la muestra, los resultados principales, las conclusiones y las limitaciones del estudio.

Síntesis de resultados: Se sintetizan los datos obtenidos, lo que puede implicar un metaanálisis si los datos cuantitativos lo permiten o una síntesis narrativa si los estudios son más cualitativos.

Informe de resultados: Finalmente, se redacta un informe detallado que presenta los hallazgos de la revisión, discute las implicaciones para la práctica educativa y sugiere áreas para futuras investigaciones.

Estas revisiones proporcionan una visión integral de lo que se conoce y no se conoce sobre un tema concreto, lo que favorece identificar lagunas en la investigación, orientar futuros proyectos o mejorar las prácticas educativas basadas en evidencia sólida. La tarea es de alto interés, por lo que cuando se plantea realizar una revisión sistemática debe uno familiarizarse antes con guías de referencia existentes, caso de **PRISMA** (Statement Preferred Reporting Items for Systematic Reviews and Meta-Analyses), ya que asegura a las personas que revisan una información detallada y fiable de los datos manejados. Se habrá realizado una revisión en la que se ha evaluado la validez de los resultados y ella permite reproducir el proceso, si es necesario.

2.4. Fase 3: Trabajo de Campo

Esta fase constituye el núcleo empírico de la investigación, al cual da lugar el proceso anterior de revisión y de establecimiento de la realidad conocida. Esta fase de la investigación se caracteriza por recopilar los datos necesarios para responder a las hipótesis o preguntas planteadas; involucra tanto la recolección de datos cuantitativos como cualitativos, asegurando una comprensión integral del fenómeno comportamental en estudio. Ambos enfoques pueden complementarse (métodos mixtos) para proporcionar una comprensión más completa del fenómeno de estudio.

El objetivo se orienta a recopilar datos cuantitativos, que permitan medir y analizar las variables de interés. Entre los diferentes instrumentos que se pueden utilizar para el diseño y desarrollo de la investigación cuantitativa destacamos los siguientes:

- *Cuestionarios y Encuestas:*
  - ✓ Encuestas estructuradas: Consisten en preguntas cerradas que permiten respuestas específicas, como opciones múltiples, escala Likert, o preguntas de verdadero/falso.
  - ✓ Cuestionarios auto administrados: Los participantes completan las encuestas por sí mismos, sin intervención del investigador.
  - ✓ Encuestas en línea: Utilizan plataformas como Google Forms, Survey Monkey o Qualtrics, para recopilar datos a gran escala.

- *Escalas de medición:*
  - ✓ Escalas Likert: Evalúan la intensidad de actitudes o sentimientos hacia una declaración, generalmente en una escala de 5 o 7 puntos.
  - ✓ Escalas de diferencial semántico: Miden las actitudes hacia un objeto usando adjetivos opuestos (por ejemplo, "bueno-malo").
  - ✓ Escalas de Guttman: Organizan preguntas en una secuencia donde la afirmación de un ítem implica la afirmación de todos los ítems anteriores.
- *Pruebas estandarizadas:*
  - ✓ Pruebas de rendimiento académico: Como las pruebas de matemáticas, lectura, o ciencias utilizadas en contextos educativos.
  - ✓ Cuestionarios psicológicos: Instrumentos como el MMPI (Minnesota Multiphasic Personality Inventory) o el BDI (Beck Depression Inventory) para evaluar aspectos psicológicos.
- *Observación sistemática:*
  - ✓ Conteo de frecuencia: Registro de la cantidad de veces que ocurre un comportamiento específico.
  - ✓ Listas de verificación: Donde se marcan comportamientos o eventos predefinidos observados.
- *Análisis de bases de datos:*
  - ✓ Análisis secundario de datos: Uso de datos existentes de fuentes como censos, encuestas nacionales, o registros administrativos para realizar nuevos análisis cuantitativos.
- *Experimentos y ensayos controlados:*
  - ✓ Diseños experimentales: Uso de grupos experimentales y de control para evaluar el impacto de una intervención, con manipulación de variables independientes.

En el caso de la investigación cualitativa destacamos los siguientes:

- *Entrevistas:*
  - ✓ Entrevistas en profundidad: Conversaciones abiertas para obtener una comprensión profunda de experiencias y perspectivas del participante.
  - ✓ Entrevistas semiestructuradas: Tienen una guía con temas específicos, pero permiten flexibilidad en las respuestas y la exploración de nuevas áreas.
  - ✓ Entrevistas estructuradas: Aunque menos comunes en cualitativa, pueden utilizarse con preguntas abiertas predefinidas.

- *Grupos focales:*
  - ✓ Discusión en grupo: Pequeños grupos para discutir un tema en profundidad, facilitados por un moderador que guía la conversación.
- *Observación participativa:*
  - ✓ Observación directa: El investigador observa y participa en la vida diaria de los sujetos de estudio, recogiendo datos sobre sus comportamientos y experiencias.
  - ✓ Notas de campo: Registros detallados y descriptivos de lo observado.
  - ✓ Diarios y cuadernos de campo:
  - ✓ Diarios personales: Los participantes escriben sobre sus propias experiencias, pensamientos y sentimientos, a lo largo del tiempo.
  - ✓ Cuadernos de campo del investigador: El investigador documenta sus observaciones, pensamientos, reflexiones y decisiones durante la investigación.
- *Análisis documental:*
  - ✓ Análisis de contenido: Estudio sistemático de documentos, textos o imágenes para identificar patrones, temas y significados.
  - ✓ Análisis narrativo: Exploración de historias y relatos para entender cómo los participantes dan sentido a sus experiencias.
- *Métodos visuales:*
  - ✓ Fotografía: Uso de imágenes capturadas por los participantes o el investigador como medio para explorar fenómenos sociales.
  - ✓ Mapeo y diagramas: Creación de mapas conceptuales, mentales, o diagramas que representen visualmente las experiencias o relaciones entre conceptos.
  - ✓ Historias de vida: Narrativas personales: Recopilación de la historia de vida de una persona, poniendo énfasis en eventos significativos y cómo estos le han influido.

Estos instrumentos referidos son los fundamentales para recopilar datos de manera sistemática y rigurosa, en investigaciones cuantitativas y cualitativas. Cada uno ofrece ventajas y desafíos, dependiendo del tipo de estudio y las preguntas de investigación. A su vez, la triangulación de métodos es común en la investigación cualitativa, a la vez que los análisis mixtos aprovechan las fortalezas de los enfoques cualitativos y cuantitativos.

Los procedimientos de investigación cuantitativa y cualitativa son fundamentales en la investigación científica. Estos, igualmente, se diferencian en varios aspectos clave, desde la formulación de la pregunta de investigación hasta la interpretación de los resultados. Se resaltan, así, los procedimientos generales utilizados para ambos enfoques:

Procedimientos en la Investigación Cuantitativa

- ✓ **Formulación de la pregunta de investigación**: Se refiere a una pregunta de investigación específica y medible, generalmente orientada a la verificación de hipótesis. Ejemplo: "¿Cuál es el impacto del uso de tecnología en el rendimiento académico de los estudiantes de secundaria?"
- ✓ **Revisión de la literatura**: Se revisa la literatura existente para comprender el estado del conocimiento sobre el tema, identificar teorías relevantes y refinar la hipótesis.
- ✓ **Diseño de la investigación**:
  - o **Seleccionar el diseño de estudio**: Puede ser experimental (con grupos de control y experimentales), cuasi-experimental, correlacional, o descriptivo.
  - o **Definir variables**: Identificación de variables independientes (manipuladas) y dependientes (medidas).
  - o **Operacionalización de variables**: Determinar cómo se medirán las variables en términos prácticos y concretos.
- ✓ **Muestreo**:
  - o **Selección**: Determinar la población y seleccionar una muestra representativa utilizando métodos probabilísticos (aleatorios) o no probabilísticos (intencionados, conveniencia).
  - o **Tamaño**: Calcular el tamaño adecuado de la muestra para asegurar la validez estadística de los resultados.
  - o **Recopilación de datos**: En base al procedimiento planteado.
  - o **Aplicación de instrumentos**: Utilizar encuestas, cuestionarios, pruebas estandarizadas, etc., para recopilar datos cuantificables.
  - o **Control de variables**: Asegurar que las condiciones sean constantes para todos los participantes, excepto la variable independiente.
- ✓ **Análisis de datos**:
  - o **Análisis estadístico**: Uso de software estadístico (como SPSS, JASP, R,) para analizar los datos recopilados. Esto puede incluir estadísticas descriptivas (medias, desviaciones estándar) y estadísticas inferenciales (pruebas t, ANOVA, regresión, ...).
  - o **Prueba de hipótesis**: Comparar los resultados con la hipótesis para determinar si hay diferencias significativas.
- ✓ **Interpretación de resultados**:
  - o **Conclusiones basadas en datos**: Interpretar los resultados en función de las hipótesis planteadas, considerando la significancia estadística.
  - o **Discusión**: Relacionar los hallazgos con la literatura existente y discutir las posibles implicaciones, limitaciones y recomendaciones.

- o **Redacción y presentación del informe**: Se estructura el informe de manera clara y precisa, generalmente siguiendo el formato IMRyD (Introducción, Métodos, Resultados y Discusión).

Procedimientos en la Investigación Cualitativa

- ✓ **Formulación de la pregunta de investigación**: Se plantea una pregunta abierta y exploratoria, que busca comprender fenómenos complejos, desde la perspectiva de los participantes. Ejemplo: "¿Cómo perciben el impacto de la tecnología en su aprendizaje?"
- ✓ **Revisión de la literatura**: Se revisa la literatura para contextualizar el fenómeno de estudio, aunque la revisión puede ser más flexible y continua a lo largo de la investigación.
- ✓ **Diseño de la investigación**:
  - o **Seleccionar el enfoque cualitativo**: Elegir entre enfoques como estudio de caso, fenomenología, teoría fundamentada, etnografía, o investigación narrativa.
  - o **Desarrollo de un plan de investigación flexible**: Se planifican métodos y procedimientos, pero se deja espacio para ajustes a medida que se desarrolla la investigación.
- ✓ **Muestreo**:
  - o **Muestreo intencionado**: Se seleccionan participantes que puedan proporcionar información rica y relevante para la pregunta de investigación.
  - o **Tamaño de la muestra**: Es flexible y se determina por saturación teórica; es decir, cuando no emergen nuevas ideas o categorías en los datos.
- ✓ **Recopilación de datos**:
  - o **Entrevistas en profundidad**: Conversaciones abiertas con los participantes para explorar sus perspectivas.
  - o **Observación participativa**: El investigador se involucra en el entorno de los participantes para comprender sus experiencias desde dentro.
  - o **Grupos focales**: Discusiones grupales que permiten explorar dinámicas y percepciones colectivas.
  - o **Análisis documental**: Revisión de documentos, textos, imágenes o videos relevantes para el fenómeno de estudio.

- ✓ **Análisis de datos**:
  - o **Codificación**: Identificación y organización de temas, patrones y categorías en los datos. Puede ser abierta (generando códigos desde los datos) o axial (relacionando códigos).
  - o **Análisis temático**: Identificación de temas recurrentes que emergen de los datos.
  - o **Análisis narrativo**: Se enfoca en cómo las personas construyen y comunican sus historias.
  - o **Teoría fundamentada**: Construcción de teorías emergentes basadas directamente en los datos.
- ✓ **Interpretación de resultados**:
  - o **Contextualización**: Los resultados se interpretan en el contexto del entorno y experiencias de los participantes.
  - o **Reflexividad**: El investigador reflexiona sobre su propio impacto en la investigación y cómo su posición podría haber influido en la interpretación de los datos.
  - o **Redacción y presentación del informe**: Se presenta un informe detallado que incluye descripciones ricas, citas directas de los participantes y una narrativa que integra los hallazgos con la teoría y la literatura existente. La estructura del informe es flexible, pero suele incluir una introducción, metodología, resultados, discusión y conclusiones.

Diferencias clave entre ambos enfoques:

- ✓ **Naturaleza de los datos**: La investigación cuantitativa se centra en datos numéricos y mediciones objetivas, mientras que la cualitativa busca comprender experiencias y significados subjetivos en los participantes.
- ✓ **Objetivo**: Cuantitativa busca probar hipótesis y establecer relaciones causales, mientras la cualitativa explora fenómenos complejos en profundidad.
- ✓ **Métodos de análisis**: Cuantitativa utiliza métodos estadísticos; cualitativa utiliza métodos interpretativos y de análisis de contenido.
- ✓ **Flexibilidad**: La investigación cualitativa es más flexible y adaptativa, mientras que la cuantitativa sigue un plan estructurado y predefinido.

2.5. Fase IV: Metaevaluación

Esta fase representa la consumación del itinerario investigativo, erigiéndose, a su vez, como el fundamento para la convalidación del conocimiento producido y la promoción de la optimización procesual. Este procedimiento excede el alcance de una mera revisión sumaria o la aplicación de una lista de verificación; se instituye, por el contrario, como un ejercicio de reflexividad crítica y escrutinio sistemático que abarca la integralidad del proceso de indagación. Se procede al examen exhaustivo del corpus del estudio, desde su concepción germinal y su fundamentación epistemológica, hasta la ulterior diseminación, hermenéutica e impacto prospectivo de sus hallazgos.

El propósito cardinal de la Metaevaluación es, por consiguiente, *el aseguramiento y la certificación de que la investigación ha sido conducida conforme a los más altos estándares de rigor, coherencia y transparencia, garantizándose así que los resultados obtenidos no solo posean validez y fiabilidad, sino que también sean éticamente defendibles, contextualmente pertinentes y teóricamente sustantivos.*

Este proceso introspectivo y deliberado posibilita una valoración ponderada y profunda de la arquitectura y ejecución del estudio. Su función transciende la mera identificación de errores, facilitando el reconocimiento de fortalezas estructurales, debilidades inherentes y áreas susceptibles de perfeccionamiento. De esta suerte, la Metaevaluación no solo confiere legitimidad a la investigación presente ante la comunidad científica y la sociedad, sino que también genera un acervo de conocimiento procesual y metodológico de valor inestimable, destinado a informar, enriquecer y refinar el diseño y la ejecución de indagaciones futuras.

Para determinar la valoración de la rigurosidad y pertinencia metodológica se procederá a dictaminar la coherencia, tanto interna como externa, del diseño de investigación. Tal dictamen conlleva la evaluación de la idoneidad del paradigma epistemológico adoptado (e.g., positivista, constructivista, pragmático), el enfoque y los métodos seleccionados en relación con su capacidad para dar respuesta a los interrogantes de la investigación y para la consecución de los objetivos estipulados, requiriéndose la justificación pormenorizada de cada decisión metodológica frente a las alternativas descartadas.

La auditoría de la validez y confiabilidad de los resultados se asocia a la necesidad de asegurar la credibilidad, robustez y veracidad de los hallazgos mediante un examen sistemático de la evidencia empírica. Dicho examen implica la verificación de que las inferencias y conclusiones se derivan con rigor lógico de los datos, que estos representan fidedignamente el fenómeno en estudio y que los sesgos y errores sistemáticos han sido activamente minimizados en todas las etapas del proceso investigativo.

Figura 2.2. Esquema del Ciclo Virtuoso de la Investigación y la Metaevaluación

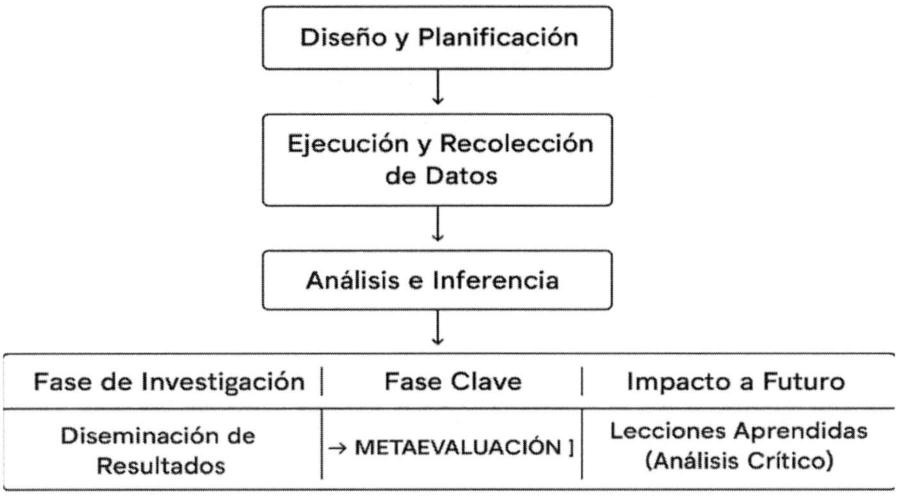

Diseño y Planificación

↓

Ejecución y Recolección de Datos

↓

Análisis e Inferencia

↓

Fase de Investigación	Fase Clave	Impacto a Futuro
Diseminación de Resultados	→ METAEVALUACIÓN]	Lecciones Aprendidas (Análisis Crítico)

El análisis de la eficacia de la integración metodológica conlleva, cuando se realizan estudios que emplean métodos mixtos, una evaluación crítica del modo en que la sinergia entre los componentes cuantitativos y cualitativos, articulada bajo un enfoque sistémico, ha enriquecido la comprensión del objeto de estudio. Se ha de valorar si el diseño mixto implementado (e.g., secuencial explicativo, concurrente, anidado) ha potenciado la profundidad y amplitud de los resultados o si, por el contrario, ha generado tensiones epistemológicas o metodológicas no resueltas.

Objetivos Estratégicos de la Metaevaluación

La destilación de lecciones aprendidas y directrices de mejora supone identificar explícitamente las fortalezas y limitaciones del estudio a fin de articular aprendizajes metodológicos, prácticos y teóricos.

El objetivo es la creación de un capital de conocimiento que sirva como guía explícita para la optimización de futuras investigaciones, mediante la documentación tanto de los aciertos procedimentales como de los desafíos imprevistos y las soluciones implementadas.

La reflexión sobre el impacto, la relevancia y la transferibilidad supone una revisión y reflexión sobre el alcance y la aplicabilidad de los resultados más allá del contexto inmediato del estudio. Esto implica la valoración de su contribución potencial al corpus de conocimiento disciplinar (impacto teórico), su utilidad para la praxis profesional (impacto práctico) y su capacidad para informar la formulación de políticas públicas (impacto social).

Procedimientos y Metodologías de Análisis

a) *Auditoría del Proceso de Investigación (Audit Trail)*

- ✓ Revisión de la Coherencia Epistémica y de Planificación: Se efectuará un análisis de la alineación fundamental entre el problema de investigación, los objetivos, las hipótesis (si fueren aplicables) y el marco teórico-conceptual. Se valorará no solo la claridad y viabilidad del planteamiento, sino también la justificación de la elección de un paradigma epistemológico particular y la manera en que este impregna la totalidad del diseño.
- ✓ Análisis de la Implementación Metodológica: Será evaluada la fidelidad y el rigor en la ejecución del plan de investigación. Ello incluye una crítica detallada de los criterios y estrategias de muestreo, los procesos de validación y pilotaje de los instrumentos de recolección de datos, y la gestión ética y logística del trabajo de campo. Se ponderará la adecuación de los métodos al contexto sociocultural y se analizarán las desviaciones del plan original, justificando su pertinencia.
- ✓ Evaluación de la Gestión y Calidad de los Datos: Se examinará el ciclo de vida completo de los datos, abarcando los protocolos de recolección, su almacenamiento seguro, y los procesos de limpieza, depuración, codificación y transformación para el análisis. Se evaluará la calidad intrínseca de los datos y la transparencia y replicabilidad de los procedimientos analíticos.

b) *Análisis de la Legitimación de los Resultados*

Validez Interna (Credibilidad): Se valorará el grado en que el diseño de investigación permite establecer relaciones causales o inferencias veraces. Se buscará evidencia de que se han controlado eficazmente las principales amenazas a la validez, confirmando que los resultados son atribuibles a las variables estudiadas y no a artefactos del método.

Validez Externa (Transferibilidad/Generalizabilidad): Se reflexionará sobre los límites de la aplicabilidad de los hallazgos. Para estudios cuantitativos, se discutirá la generalización estadística a la población de referencia; para estudios cualitativos, se evaluará la transferibilidad, analizando si se ha proporcionado una descripción densa suficiente para que otros investigadores puedan juzgar la relevancia de los hallazgos en sus propios contextos.

Confiabilidad (Dependability and Replicability): Se considerará la estabilidad y consistencia de los resultados. En términos cuantitativos, se asocia a la replicabilidad; en enfoques cualitativos, se vincula con la *dependability* (auditabilidad), garantizada mediante un registro meticuloso del proceso (*audit trail*).

Tabla 2.1. Criterios, foco y enfoques

Criterio de Legitimación	Foco de Análisis (Pregunta Clave)	Enfoque Cuantitativo	Enfoque Cualitativo
Validez Interna	¿Mide el estudio lo que pretende medir? ¿Son las inferencias correctas?	Control de variables	Credibilidad, triangulación
Validez Externa	¿Pueden los resultados aplicarse a otros contextos o poblaciones?	Generalizabilidad	Transferibilidad
Confiabilidad	¿Son los resultados consistentes y reproducibles?	Replicabilidad	Dependability (Auditabilidad)

c) Reflexión sobre la Integración Metodológica (Enfoques Mixtos)

Eficacia de la Triangulación: Se analizará cómo la convergencia, complementariedad o divergencia de los datos cuantitativos y cualitativos ha contribuido a una comprensión holística. Se evaluará si la triangulación fortaleció la validez de las conclusiones o si las contradicciones abren nuevas preguntas de investigación.

Sinergias y Desafíos en la Integración: Se identificarán las ventajas emergentes de la combinación de métodos. Asimismo, se abordarán las dificultades epistemológicas, teóricas y prácticas encontradas, tales como las tensiones entre paradigmas o las complejidades en la construcción de una narrativa interpretativa coherente.

Figura 2.3. Sinergia en Métodos Mixtos

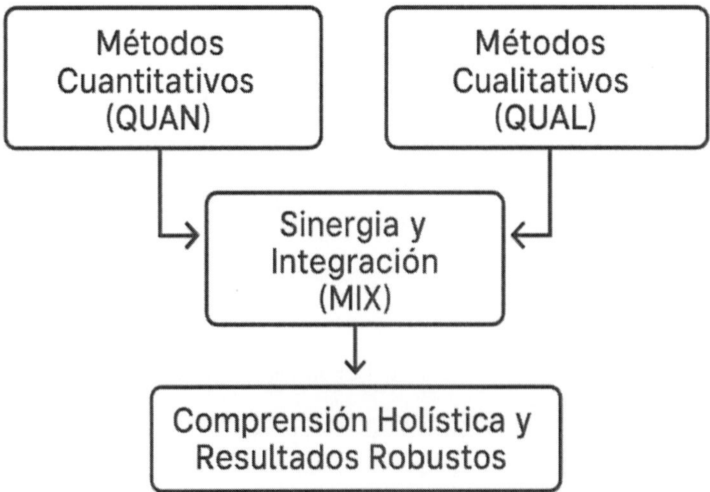

d) Identificación de Fortalezas, Debilidades y Conocimiento Adquirido

Fortalezas del Estudio: Se articularán y fundamentarán los puntos robustos del diseño y la ejecución, tales como la originalidad del planteamiento, la solidez del marco teórico o la relevancia social de los hallazgos.

Debilidades y Limitaciones: Se realizará una declaración crítica distinguiendo entre limitaciones (restricciones inherentes al diseño) y debilidades (fallos que podrían haberse evitado). Esta reflexión es crucial para una interpretación prudente.

Aprendizajes Adquiridos (Lecciones Metodológicas): Se documentará el conocimiento práctico y procesual ganado, incluyendo recomendaciones sobre planificación, gestión de proyectos y estrategias de campo.

e) Reflexión sobre el Impacto y la Relevancia Social y Científica

Impacto en la Práctica y la Política Socio-comportamental: Se evaluarán las implicaciones prácticas concretas de los hallazgos, reflexionando sobre cómo pueden informar la toma de decisiones, optimizar intervenciones o influir en políticas públicas.

Contribución al Conocimiento Disciplinar: Se ponderará la relevancia teórica y empírica de los resultados. Se reflexionará sobre cómo la investigación dialoga con la literatura existente, si confirma, refuta o extiende teorías, o si abre nuevas avenidas de investigación.

Eficacia de la Diseminación y Movilización del Conocimiento: Se evaluará si las estrategias de comunicación han sido efectivas para las audiencias clave y se reflexionará sobre cómo mejorar la transferencia del conocimiento generado.

f) Síntesis y Conclusiones de la Metaevaluación

Dictamen Final de la Metaevaluación: Se elaborará una síntesis conclusiva que resuma los hallazgos del proceso metaevaluativo. Este dictamen integrará una valoración final sobre la calidad, la validez, la confiabilidad y el impacto global de la investigación.

Recomendaciones para Futuras Investigaciones: A partir del análisis crítico, se formularán recomendaciones concretas, específicas y accionables para el diseño y la ejecución de futuros estudios en el área.

En definitiva, la Metaevaluación trasciende su función como mero instrumento de control de calidad para erigirse como un pilar fundamental del *ethos* científico y de una cultura de investigación responsable. Mediante el sometimiento del propio quehacer a un escrutinio riguroso, transparente y sistemático, se fortalece no solo la credibilidad de las contribuciones individuales, sino que se participa activamente en la construcción de un conocimiento más robusto, ético y socialmente responsable en el dominio de las Ciencias Humanas, Sociales y del Comportamiento.

2.6. Fuentes documentales

ALLEA. (2023). *The European Code of Conduct for Research Integrity*. All European Academies. https://allea.org/code-of-conduct

Álvarez-Arregui, E. (2017). *Universidad, Investigación y Conocimiento: Avances y retos*. Ediuno.

Álvarez-Arregui, E., and Arreguit, X. (2023). *Organizaciones autoorganizadas: una aproximación teórica y aplicada*. Documento inédito. Universidad de Oviedo.

Álvarez-Arregui, E. and Rodríguez-Fernández, C. (2023). Integridad de la investigación en tiempos de incertidumbre. En A. Medina Rivilla y G. L. Huber (eds.), *Identidades migrantes y formación del profesorado. Investigación educativa para el encuentro entre culturas fronterizas* (pp. 95-110). Editorial Universitas.

Álvarez-Arregui, E., Margeviča-Grinberga, I., and Pérez-Navío, E. (2024). *Higher education for sustainable development: Challenges and solutions.* Octaedro.

Álvarez-Arregui, E., Rodríguez-Fernández, C., and Menéndez-Menéndez, L. (2024a). Inclusive ecosystem model for the management of knowledge. *Aula Abierta, 53*(2), 167–178. https://doi.org/10.17811/rifie.53.2.2024.167-178

Chatfield, C. (1985). The initial examination of data. *Journal of the Royal Statistical Society. Series A (General), 148*(3), 214–253.

De Miguel, M. (2015). Ideología y pedagogía empírica: cuestiones para un debate. *Revista de Investigación Educativa, 33*(2), 269-287

Díaz, M. D. M. (2015). Ideología y pedagogía empírica: cuestiones para un debate. *Revista de Investigación Educativa*, *33*(2), 269-287.

Erikson, F. (1989). Métodos cualitativos en la investigación educativa. En R. M. Jaeger (Ed.), *Complementary methods for research in education* (pp. 119–163). American Educational Research Association.

Feyerabend, P. (1982). *Contra el método*. Ariel.

Kuhn, T. S. (1975). *La estructura de las revoluciones científicas* (2.ª ed.). Fondo de Cultura Económica.

Lakatos, I. (1978). *La metodología de los programas de investigación científica.* Cambridge University Press

Merton, R. K. (1975). *Sociología de la ciencia: investigaciones teóricas y empíricas*. Alianza Editorial.

Pérez Gómez, Á. (1978). *El pensamiento práctico del profesor: la planificación de la enseñanza*. Akal.

Piaget, J. (1970). *La psicología de la inteligencia*. Psique.

Piaget, J. (1975). *La equilibración de las estructuras cognitivas*. Siglo XXI.

Sánchez Carrión, J. J. (1999). *Manual de análisis estadístico de datos*. Alianza Editorial.

Schwab, J. J. (1960). The concept of the structure of a discipline. *Educational Record, 41*, 197–205.

Schwab, J. J. (1978). *Science, curriculum, and liberal education: Selected essays*. University of Chicago Press.

Shulman, L. S. (1989). Paradigms and research programs in the study of teaching: A contemporary perspective. En R. M. Jaeger (Ed.), *Complementary methods for research in education* (pp. 1–33). American Educational Research Association.

CAPÍTULO 3

Capítulo 3

Introducción a las revisiones sistemáticas

Luis Burgos-Benavides
Personal Docente Investigador, Universidad de Oviedo, Facultad de Psicología
Investigador del Centro de Investigación, Desarrollo e Innovación Educativa del Principado de Asturias (CIDIPA)
burgosluis@uniovi.es
https://orcid.org/0000-0002-1364-8995

Adriana Genoveva Samaniego-Benavidez
Docente del Ministerio de Educación - Ecuador
Investigadora del Centro de Investigación, Desarrollo e Innovación Educativa del Principado de Asturias (CIDIPA)
adriana.samaniego@educacion.gob.ec
UO296265@uniovi.es
https://orcid.org/0009-0007-0656-0665

Venus Medina Maldonado
Docente e investigadora
Centro de Investigación para la Salud de América Latina (CISeAL)
Pontificia Universidad Católica del Ecuador
vemedinam@puce.edu.ec
https://orcid.org/0000-0003-4260-6230

Resumen

El tercer capítulo aborda los procedimientos de búsqueda y selección de información científica, elementos esenciales para garantizar la calidad y fiabilidad de una revisión sistemática. Se explican las fases de planificación de la búsqueda, la formulación de preguntas de investigación, la definición de criterios de inclusión y exclusión, y la elección de bases de datos y fuentes documentales. Asimismo, se describen las estrategias de búsqueda avanzada, incluyendo el uso de operadores booleanos, descriptores normalizados y filtros específicos. El capítulo enfatiza la necesidad de aplicar protocolos transparentes y replicables que permitan reducir sesgos y garantizar la validez de los resultados. Finalmente, se destaca el papel de la gestión bibliográfica y de las herramientas digitales en la organización y depuración de la información científica.

Palabras clave: Búsqueda científica, selección de información, bases de datos, criterios de inclusión, revisión sistemática, estrategias de búsqueda.

Abstract

The third chapter addresses the procedures for searching and selecting scientific information, which are essential to ensure the quality and reliability of a systematic review. It explains the stages of search planning, the formulation of research questions, the definition of inclusion and exclusion criteria, and the selection of databases and documentary sources. Advanced search strategies are also described, including the use of Boolean operators, standardized descriptors, and specific filters. The chapter emphasizes the need to apply transparent and replicable protocols to reduce bias and ensure the validity of results. Finally, it highlights the role of bibliographic management and digital tools in organizing and refining scientific information.

Keywords: Scientific search, information selection, databases, inclusion criteria, systematic review, search strategies.

3.1. Contextualización

El objetivo de este capítulo es conceptualizar los niveles de evidencia y las revisiones sistemáticas. Por lo tanto, el primer aspecto y quizá el más relevante es reducir la probabilidad de ser engañados por sesgos o azar (Chalmers et al., 2002), opiniones o información de fácil acceso que aplasta la laboriosa construcción de la información científica. El segundo aspecto es identificar las diferencias entre un estudio original y/o una revisión sistemática. Pese a que ambos tipos de estudios constituyen una evidencia empírica, el matiz de cada uno es totalmente diferente. Ambos estudios cuentan con un diseño de diseño de investigación riguroso, sistematizado y responden a una o varias pregunta de investigación, pero la principal diferencia es que los estudios originales se basan en datos que provienen de fuentes directas y originales, es decir de la recolección de datos de primera mano (pueden ser datos primarios, secundarios o de simulación), mientras que una revisión sistemática fundamenta su desarrollo en los datos proporcionados por dichos estudios originales (Varsha et al., 2024).

A pesar de que durante las páginas de este libro hemos centrado la atención en las ciencias comportamentales, es conveniente remarcar que las revisiones sistemáticas no son propias de esta área de conocimiento; de hecho, son aplicables en todos los campos de estudio.

Atentos a este enfoque, los autores queremos dedicar nuestro esfuerzo a evidenciar como un proceso sistematizado de recopilación de la información puede contribuir a que. tanto investigadores como profesionales aplicados, puedan discernir sobre el nivel de evidencia que están utilizando para fundamentar sus decisiones; también los lectores encontrarán herramientas para introducirse en el amplio campo de las revisiones sistemáticas, los tipos, la transparencia y registros de un protocolo. Además, este capítulo pretende que los interesados en desarrollar una revisión sistemática se pregunten si ¿está justificado realmente el desarrollo de una revisión sistemática en el tema seleccionado?

3.2. Niveles de la evidencia

En los últimos años la sociedad ha puesto en marcha el uso de la Inteligencia Artificial (IA) como motor de búsqueda de información, sin que esto represente que la IA sea una invención de los últimos años. Este cambio en la forma de acceder a la información ha revolucionado los paradigmas de la sociedad y en consecuencia ha suscitado la necesidad de marcar directrices para evaluar la certeza de la evidencia, además de incrementar los umbrales de rigurosidad en la construcción del conocimiento. Tanto profesores de educación primaria, secundaria o universitaria, así como para cualquier persona interesada en acceder a información necesitan contar con herramientas que le permitan distinguir entre cuál es la información con mayor nivel de certeza de la de mayor nivel de sesgo. Pero conocer la certeza de la evidencia no es una tarea fácil, ya que incluso investigaciones publicadas en prestigiosas revistas tienen el riesgo de incluir un nivel de sesgo alto, por lo tanto, una de las formas para distinguir sobre el nivel de certeza en la evidencia son criterios de las practicas basadas en la evidencia.

Los primeros hitos de esta práctica se remontan a la medicina basada en la evidencia con el emperador Qianlong, quien utilizada un riguroso método "kaozheng" (se traduce como "búsqueda de evidencia" o "erudición evidencial") promoviendo así un análisis crítico de la literatura clásica y promoviendo una comprensión más precisa de la cultura china (Manterola et al., 2014). Pero fue hasta los años ochenta que un grupo de médicos internistas y epidemiólogos clínicos de la Universidad de McMaster, liderado por David Sackett, popularizaron un riguroso método para integrar la experiencia individual con la mejor evidencia disponible a partir de la investigación sistemática y lo acuñaron bajo el concepto de "Evidence-Based Medicine/Medicina Basada en la Evidencia" (Kirmayr et al., 2021; Manterola et al., 2014). Pero no fue hasta 1996 que el término "Evidence-Based Medicine/Medicina Basada en la Evidencia" fue introducido en la Biblioteca Nacional de Medicina, como un enfoque de la práctica de la medicina con el objetivo de mejorar y evaluar la atención del paciente. Este método ha servido desde entonces para que los médicos puedan llevar a cabo un diagnóstico adecuado, diseñen un mejor plan de pruebas, elijan el mejor tratamiento y propongan métodos de prevención.

Además, en la década de 1990 los médicos en ejercicio profesional advirtieron la existencia de jerarquías en la evidencia; es decir, pusieron sobre la mesa que no toda la evidencia era igual (Murad et al., 2016). Como respuesta a este aprendizaje, surgió la pirámide de la evidencia que es una representación gráfica que organiza los tipos de evidencia de acuerdo con su nivel de validez. Como se observa en la Figura 3.1 los niveles más altos de la pirámide representan la evidencia con mayor rigor, mientras que los niveles más bajos incluyen estudios con mayor riesgo de sesgo.

Figura 3.1. Jerarquía piramidal de la evidencia

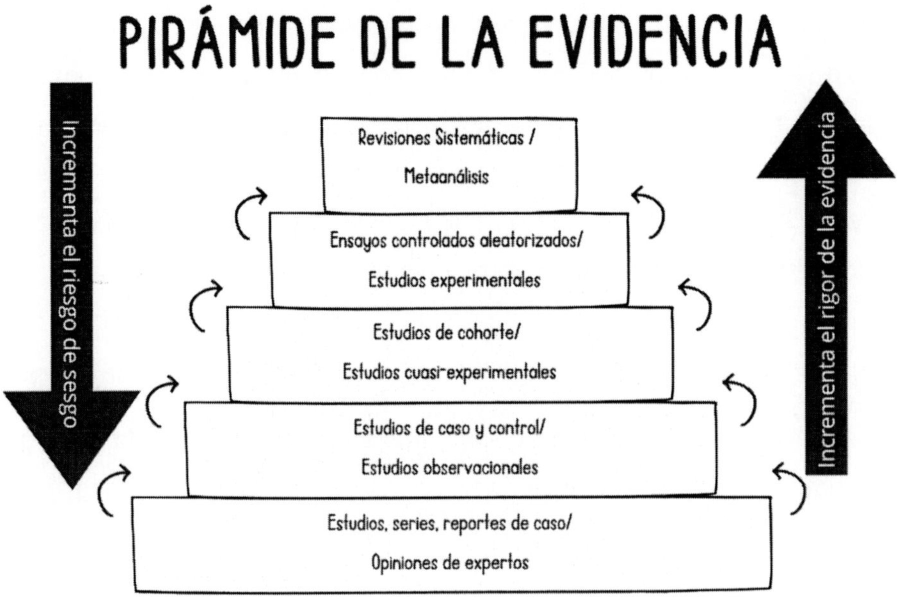

PIRÁMIDE DE LA EVIDENCIA

Incrementa el riesgo de sesgo

Revisiones Sistemáticas / Metaanálisis

Ensayos controlados aleatorizados/ Estudios experimentales

Estudios de cohorte/ Estudios cuasi-experimentales

Estudios de caso y control/ Estudios observacionales

Estudios, series, reportes de caso/ Opiniones de expertos

Incrementa el rigor de la evidencia

Fuente: adaptada del estudio de Murad et al. (2016).

La pirámide de la evidencia, que pretende ser una forma visual y rápida de situar los estudios en función de su paradigma y características metodológicas, actualmente se puede encontrar con varias propuestas y clasificaciones para jerarquizar la evidencia (Manterola et al., 2014) y los tipos de estudio de manera sistematizada (Tabla 3.1). Estas clasificaciones jerarquizadas han promovido el análisis crítico de la evidencia proveniente de artículos científicos y han servido para evidenciar que no toda la producción científica cuenta con un método riguroso, ya sea por la metodología empleada, la comisión de sesgos (validez interna) o notables limitaciones en la generalización de los resultados a la población (validez externa).

Tabla 3.1. Propuestas para evaluar la evidencia

Denominación del Sistema	Organismo responsable	Sistema de Clasificación
Task Force on Preventive Health Care	Public Health Agency of Canada (PHAC)	Guías de práctica clínica que respalda las acciones de salud preventiva.
Clasificación de Sackett	Epidemiólogo David L. Sackett	Jerarquiza la evidencia en niveles desde mejor evidencia a peor evidencia.
U.S Preventive Services Task Force	Grupo independiente de expertos en prevención y medicina basada en la evidencia	Jerarquiza y asigna un nivel de certeza y evaluar el beneficio de un servicio preventivo.

Center for Evidence-Bases Medicine, Oxford	Evidence-Bases Medicine de Oxford (CEMB)	Clasificación según el área temática o escenario clínico. Distingue por medio de cinco pasos la búsqueda de la mejor evidencia
Grade Working Group	Grading of Recommendations Assessment, Development and Evaluation	No hace una valoración individual de la evidencia, sino que le da un valor a la evidencia para una medida en particular a partir de varios estudios primarios
Scottish Intercollegiate Guidelines Network	Servicio Nacional de Salud (NHS) de Escocia	Sistema de clasificación que pretende dar mayor peso a la calidad de la evidencia en conjunto y pretende dar mayor importancia a las recomendaciones respaldadas por estudios observacionales de gran calidad que no pueden optar por otro paradigma.
National Institute for Health and Clinical Excellence	National Health Service de Reino Unido (NHS)	Integra una revisión de la calidad de los estudios de coste-efectividad.
National Health and Medical Research Council	National Health and Medical Research Council in Australia	Jerarquía de la evidencia con el objetivo de valorar la evidencia en las guías de práctica clínica y evaluación de tecnologías sanitarias.
Practicing Chiropractors' Committee on Radiology Protocols	Phillips y Col	Clasificación a través de guías clínicas, no se limita a los ensayos clínicos, más bien considera todos los tipos de estudio para la práctica.
American Diabetes Asociación	American Diabetes Asociación	Normas de atención, directrices y documentos para la diabetes mellitus. Es un sistema para clasificar la calidad de la evidencia científica.
The American College of Cardiology Foundation / American Heart Association Task Force on Practice Guidelines	Task Force	Esquema que combina clase de recomendaciones y niveles de evidencia.

Sin embargo, uno de los principales problemas es la falta de equivalencia entre los distintos sistemas, es decir, que dependiendo el sistema que se esté utilizando un nivel I como una recomendación A puede variar en función del sistema que se está utilizando. Para solventar esta limitación surge GRADE (Grading of Recommendations Assessment, Development and Evaluation) como un sistema que unifica la certeza de la evidencia y sirve como insumo para formular recomendaciones (Kirmayr et al., 2021). En los capítulos siguientes encontrarán una explicación de la metodología GRADE, su alcance y pasos para evaluar la certeza de la evidencia.

3.3. Tipologías

El auge de las revisiones de la literatura ha llevado a varias propuestas por definir los propósitos y tipos de las revisiones de la literatura. Varsha et al. (2024), citando estudios previos de Knopf (2006) y Okoli (2015), planteo tres situaciones en las que se fundamente el desarrollo de una revisión de la literatura:

1. Cuando se requiere analizar la literatura relevante de un tema específico de forma independiente,
2. Para fundamentar las hipótesis
3. Al iniciar la fase de un proyecto de investigación

Varsha et al. (2024) citando a Paul and Criado (2020) propone la siguiente clasificación:

Tabla 3.2. Clasificación de las revisiones de la literatura según el dominio

Tipo de revisión	Descripción
Revisiones basadas en el dominio	Se centra en el crecimiento de un campo, publicación o tema. Puede recoger una disciplina emergente.
Revisión estructurada	Enfatizan en el desarrollo de conceptos, teorías, modelos, construcciones, contextos y metodologías relacionadas que se presentan en artículos de revisión.
Revisión basada en el marco	Se fundamentan en criterios para "qué", "por qué", "dónde", "cuándo", quién" y "cómo". Basados en estos marcos los autores pueden construir modelos que ayuden a mejorar el nivel de comprensión y covertura de un tema en su revisión.
Revisión bibliométrica	Examina grandes cantidades de investigaciones utilizando herramientas estadísticas para identificar tendencias de citas, co-citas de un tema específico por año, país, autor, revista, teoría, problema de investigación...
Revisión basada en la teoría	Investiga la evolución de una teoría particular en un campo específico.
Revisión metaanálitica	Se basa en procedimientos sistemáticos que permiten identificar todas las variables y estudios relevantes de un campo para realizar una síntesis cuantitativa y determinar su significación estadística y relevancia.
Revisión metasistémica o resumen de evidencia	Combina revisiones sistemáticas previas de un área temática. Permite establecer una nueva teoría. Se utilizan para las decisiones políticas combinando ideas de diferentes tipos de revisiones de la literatura a modo que la síntesis de los hallazgos pueda evaluarse, cuantificarse y documentarse.
Literatura gris en revisiones sistemáticas	Incorpora documentación que resulta de publicaciones que no siguen directrices de las publicaciones de revistas científicas.
Reseñas hibridas	Combina un análisis bibliométrico y discusiones temáticas.

Nota. Información recuperada del artículo de Varsha et al. (2024)

Para Xiao and Watson (2019), basándose en las propuestas de Pare et al. (2015) y Templier and Pare (2015), enfatiza en que una de las claves iniciales es elegir adecuadamente el tipo de revisión. Los investigadores deben detenerse a pensar ¿cuál es el propósito?, si se quiere describir o definir un cuerpo a trabajar, probar una hipótesis específica, resumir los trabajos existentes para construir una nueva teoría o evaluar críticamente un cuerpo de trabajo. Una vez, el investigador tiene claro el propósito le queda decidir el tipo de revisión de la literatura para que pueda seleccionar la metodología más adecuada.

Tabla 3.3. Clasificación de las revisiones de la literatura según el propósito

Propósito	Tipo de revisión	Ejemplo	Descripción
Describir	Revisión narrativa	A menudo se encuentran en investigaciones de pregrado, posgrado o disertaciones, también se pueden encontrar al comienzo de algún tipo de artículo en una revista científica. Prepara el escenario para una investigación de mayor envergadura	No se pretende resumir el alcance de la literatura, más bien el objetivo es identificar temas clave relacionados con la pregunta de investigación y proporcionar un análisis descriptivo.
	Síntesis narrativa textual	En el artículo de Jameson et al. (2023) analizó la confianza en el personal de instituciones de educación superior mediante síntesis narrativa textual. Los hallazgos revelaron relativamente poca investigación sobre la confianza entre todos los tipos de personal de educación superior.	Implica un comentario que informa sobre las características, el contexto, la calidad y los hallazgos del estudio, utilizando el alcance, las diferencias y las similitudes entre los estudios para extraer conclusiones.
	Metaresumen	En el estudio Lee et al. (2023) se evaluaron los factores de riesgo de depresión y ansiedad en adultos mayores	Resume en tablas la información extraída de un determinado tema.

		con cáncer y abarcaron diversos dominios. Los factores más significativos fueron la presencia de comorbilidades médicas crónicas y la presencia de síntomas psicológicos preexistentes.	
	Metanarrativa	El estudio de Wauthier and Williams (2022) revisó la literatura sobre la Crueldad Animal Infantil (CAI) y clasificaron temáticamente los factores ambientales que la predicen, tales como exposición a la adversidad infantil, los vínculos extremos con la violencia interpersonal posterior y trastornos externalizantes.	Selecciona de manera deliberada sintetizar investigaciones de una gran variedad de disciplinas y teorías con sus respectivos diseños detectando múltiples y potenciales contradicciones en las formas de entender los conceptos.
	Revisión de alcance	Fricke et al. (2023) analizaron estudios sobre la violencia en el lugar de trabajo y agruparon los resultados en cinco categorías: violencia hacia enfermeras; violencia hacia los trabajadores de la salud en general; violencia en el servicio de urgencias; violencia relacionada con la salud mental, medición relacionada con la violencia en el lugar de trabajo y programas de prevención.	Mapea el conocimiento existente sobre un tema específico, es una estrategia ideal cuando se explora la amplitud de un campo temático, especialmente en áreas emergentes, fragmentadas o multidisciplinarias.
Prueba	Metaanálisis	Piolanti et al. (2022) utilizaron un modelo de efectos aleatorios para agrupar las razones de	El objetivo de un metanálisis cuantitativo es utilizar la información estadística específica de un conjunto de estudios en un

		probabilidades (OR). Se analizaron datos de 20 ensayos que incluyeron a 37294 adolescentes. En comparación con las condiciones de control, los programas de prevención se asociaron con una reducción significativa en la perpetración (OR, 0,83; IC del 95 %, 0,73-0,95; P = 0,005) y la experiencia (OR, 0,87; IC del 95 %, 0,78-0,98; P = 0,02) de violencia sexual	análisis estadístico general para proporcionar resultados resumidos cuantitativos.
	Metaanálisis bayensiano	Declercq et al. (2024) revisaron estudios sobre intervenciones neurobiológicas e intervenciones no farmacológicas. En comparación con la atención habitual, las intervenciones cognitivas, como la terapia cognitivo-conductual y la terapia orientada a objetivos, mostraron los efectos más fuertes (MD = -1,00, 95% Crl [-1,40 a -0,66]). Además, la gravedad de los síntomas depresivos moderó el efecto de las intervenciones (b = -0,63, Crl 95% [-1,04 a -0,22]).	Corresponde a una clase particular de metaanálisis cuantitativo que combina dos enfoques: uno que asume que todos los estudios tienen el mismo efecto y otro que permite que varíen entre sí. En lugar de elegir uno solo, promedia ambos para tener en cuenta la incertidumbre.
	Revisión realista	Sontag et al. (2024) siguieron el enfoque de Pawson y seleccionaron 34 estudios que proporcionaban evidencia relevante sobre programas de prehabilitación multimodal para pacientes frágiles.	Se centra en comprender cómo y por qué funcionan las intervenciones, en lugar de simplemente determinar si funcionan. Examina los contextos, mecanismos y resultados de las intervenciones para desarrollar explicaciones aplicables a diferentes situaciones.

		Encontraron que los factores facilitadores incluyen la personalización del programa según las necesidades del paciente. Las principales barreras identificadas fueron las dificultades de transporte, la falta de apoyo social y la sobrecarga o insuficiencia de información brindada a los pacientes.	
	Triangulación ecológica		También conocida como triangulación ambiental, implica el uso de datos de diversos entornos o contextos para mejorar la profundidad y amplitud de la comprensión de un fenómeno.
Extender	Metaetnografía	Saragosa et al. (2022) realizó una revisión sistemática de estudios cualitativos para sintetizar evidencia sobre la experiencia de los jóvenes cuidadores, y cómo interactúan con el sistema de atención médica en su rol de cuidadores. Los hallazgos ayudaron a informar la experiencia en un mapa de viaje, enmarcado en tres temas: encuentro con el cuidado; ser un joven cuidador, e ir más allá del cuidado. Se proporciona información sobre las brechas en los servicios de salud y las posibles soluciones descritas en el mapa de viaje.	Una revisión metaetnográfica es una interpretación cualitativa de interpretaciones cualitativas, y los investigadores deben estar preparados para asumir la complejidad que conlleva este enfoque.
	Sintesis temática	Butterworth et al. (2022) emplearon	Corresponde al proceso de integrar y analizar los

		una síntesis temática para analizar 21 estudios cualitativos sobre experiencias de prácticas restrictivas en unidades psiquiátricas agudas. Se identificaron ocho temas clave en pacientes y personal, resaltando consecuencias psicológicas, comunicación deficiente, vulneración de derechos y necesidad de cambios en las prácticas asistenciales.	resultados de múltiples estudios para identificar patrones, temas o conceptos clave que surjan de la evidencia combinada
	Metainterpretación	Rüschenpöhler (2024) en la revisión utilizó meta-interpretación y búsquedas sistemáticas para analizar 64 estudios sobre enfoques pedagógicos que promueven la equidad en la enseñanza de las ciencias en secundaria. A través del marco de Freire y Arendt, se destaca que pocas estrategias abordan críticamente las estructuras opresivas, subrayando la necesidad de enfoques más transformadores.	La metainterpretación es una síntesis cualitativa que reinterpreta hallazgos de estudios para generar nuevas comprensiones teóricas.
	Sintesis interpretativa crítica	Los autores llevaron a cabo una síntesis interpretativa crítica para explorar qué constituye una Living Evidence Synthesis (LES), cuándo debe producirse,	Se diferencia de otras revisiones cualitativas por su enfoque emancipador y transformador, no solo descriptivo o explicativo. Tienden a describir patrones comunes, sin cuestionar necesariamente

		actualizarse o interrumpirse, y cómo debe difundirse. Analizaron 208 publicaciones y desarrollaron un marco conceptual con seis categorías temáticas que orientan la producción, metodología, actualización y uso de las LES en procesos de toma de decisiones, especialmente en contextos de emergencia como la pandemia por COVID-19 (Mansilla et al., 2024).	los marcos ideológicos de los estudios originales o proponer cambios estructurales.
Crítica	Revisión crítica		

Nota. Información recuperada del artículo de Varsha et al. (2024)

De la experiencia de estos últimos años y tras repetir en varias de mis clases, conferencias y cursos que “la ciencia es acumulativa, pero que rara vez los científicos acumulan evidencia científicamente” una frase tomada de “Una breve historia de la síntesis de la investigación” (Page et al., 2022).

Tabla 3.4. Clasificación según los niveles metodológicos

Fase	Nivel	Tipo	Metodología
Exploratoria	Teórico conceptual o nivel de expectativa teórica	Revisión convencional de la literatura	No existe una metodología estructurada.
		Revisión de alcance	Proceso sistematizado, pero carece de transparencia y su objetivo es exploratorio.
		Bibliometría	Las fuentes proporcionadas no ofrecen una metodología detallada ni una definición específica para la "bibliometría" como un tipo de revisión.
Consolidación	Técnico metodológico o nivel de diseño	Revisión sistemática	Se caracteriza por un enfoque transparente, estructurado y exhaustivo para la búsqueda de literatura y una síntesis formal de los hallazgos de investigación. Sigue un protocolo predefinido con objetivos claros y criterios de elegibilidad explícitos y reproducibles.

	Estadístico analítico o análisis de datos	Metaanálisis	Es una técnica estadística específica para sintetizar los resultados de varios estudios cuantitativos en una única estimación cuantitativa (tamaño del efecto).

Con el objetivo de facilitar a los investigadores la selección de un tipo de revisión que se ajuste al objetivo de su idea de revisión, queremos presentar la siguiente clasificación basada en niveles que se desarrollan por un tipo de revisión y metodología, que no es más que un esfuerzo que se suma a las propuestas de otros autores para mejorar las prácticas en las revisiones de la literatura (Tabla 3.4.).

3.4. Revisión Convencional de la Literatura

El horizonte ha sido la representación del punto de referencia natural para los navegantes. Durante mucho tiempo marcó el rumbo y la dirección de la navegación, además de permitir identificar la presencia de otras embarcaciones, cambios meteorológicos y fundamental para mantener una estabilidad y orientación.

Al igual que en la navegación, la revisión de la literatura es una herramienta indispensable para que los investigadores y profesionales aplicados puedan identificar la dirección y realidad actual de su área de conocimiento o tema de estudio. Además, esta potencial práctica permite identificar las brechas y proyecciones para estudios futuros.

Es posible que parte del conocimiento actual no diferencie entre revisión de la literatura y revisión sistemática de la literatura. Sin embargo, la revisión de la literatura ha sido definida como una característica esencial de la investigación (Xiao and Watson, 2019). Esta valiosa herramienta ha permitido el desarrollo de mejores prácticas y la resolución de problemas de investigación, centrándose principalmente en permitir que los lectores comprendan: a) el estado anterior de un determinado tema, b) el amplio desarrollo del trabajo actual y c) las lagunas en la investigación (Varsha et al., 2024; Xiao and Watson, 2019).

Sin lugar a duda, esto ha facilitado la definición de objetivos de investigación y el abordaje de vacíos. Características de la revisión de la literatura convencional son la falta de organización, sistematización y transparencia, con un alto nivel de subjetividad en la recopilación y análisis de los datos (Kraus et al., 2020; Varsha P S et al., 2024). Pero si nos preguntamos

¿Cuál es la tendencia actual para identificar la realidad actual de un campo o tema de investigación?, podríamos asegurar que no siempre se opta por las revisiones sistemáticas de la literatura; entonces

¿Cuándo se debería optar por una revisión de la literatura convencional?, posiblemente cuando el campo de estudio no dispone de una revisión sistemática actualizada o cuando el investigador necesita obtener información para la construcción de un marco teórico sólido, sin que su objetivo sea el desarrollo de una revisión sistemática.

La revisión de la literatura raramente va a ser publicada o transferida a través de un artículo de revisión, pero si puede utilizar métodos de la revisión sistemática para capturar la mejor evidencia disponible. En este caso el objetivo es identificar información actualizada, aunque hay que tener precaución ya que no se controlará el sesgo, certeza, calidad de los estudios y rigurosidad de la información recuperada. Pese a estas limitaciones, la revisión de literatura ha servido históricamente y es aún una herramienta común que orienta los objetivos y fundamenta las hipótesis.

La razón de marcar una distinción entre una revisión de la literatura y revisión sistemática no es desvirtuar la primera práctica; de hecho, es muy común que quienes tienen una primera inmersión al mundo de las revisiones sistemáticas se planten cuestiones como ¿qué tema debería escoger para mi revisión sistemática? o ¿cuántos artículos debe contener una revisión sistemática? o ¿cómo decidir sobre un tema de revisión sistemática?

Estas constantes se encuentran seguramente despejadas en investigadores que tienen una línea de investigación definida. Pero de no ser el caso, estas constantes representan la siguiente ecuación: $\frac{x+3}{x-2} = \frac{x+5}{x-2}$ en ambos casos encontramos el mismo denominador, así que pueden ser igualados $x + 3 = x + 5$, si habéis intentado resolverla probablemente estéis llegando a la misma solución, que es que no tiene solución, de hecho, esta contradicción 3 = 5 corresponde a las mismas dos preguntas que surgen en quién está interesado en desarrollar una revisión sistemática. Pero muy lejos de condenar la revisión de la literatura, es esta la primera herramienta que va a permitir explorar un amplio campo o tema de estudio. Por lo tanto, debería ser casi un requisito previo a la revisión sistemática el haber explorado la literatura existente a un nivel exploratorio.

Esta primera aproximación al amplio mundo de la información constituye posiblemente el momento más controversial, exigente y desgastante debido a que no existe un método sistemático para esta práctica exploratoria, pese a que constituye el paso más importante para el futuro desarrollo de una revisión sistemática. Además, este primer acercamiento permite el acceso a temas de interés, actualidad y representa la brújula que marcará la trayectoria futura.

Para Cochrane las revisiones no sistemáticas son contribuciones creadas por expertos para generar una visión general o resumen de lo que está sucediendo en un campo particular. Esto significa un potencial riesgo de susceptibilidad de sesgo y es posible que no describa la metodología utilizada y se presente pruebas que apoyen a un punto de vista particular.

Atendiendo a estas argumentaciones, quisiéramos dejar claro que este paso es apenas el inicio al mundo de la evidencia y el fundamento de prácticas de la medicina o la psicología basada en la evidencia.

Figura 3.2. Tomando una decisión

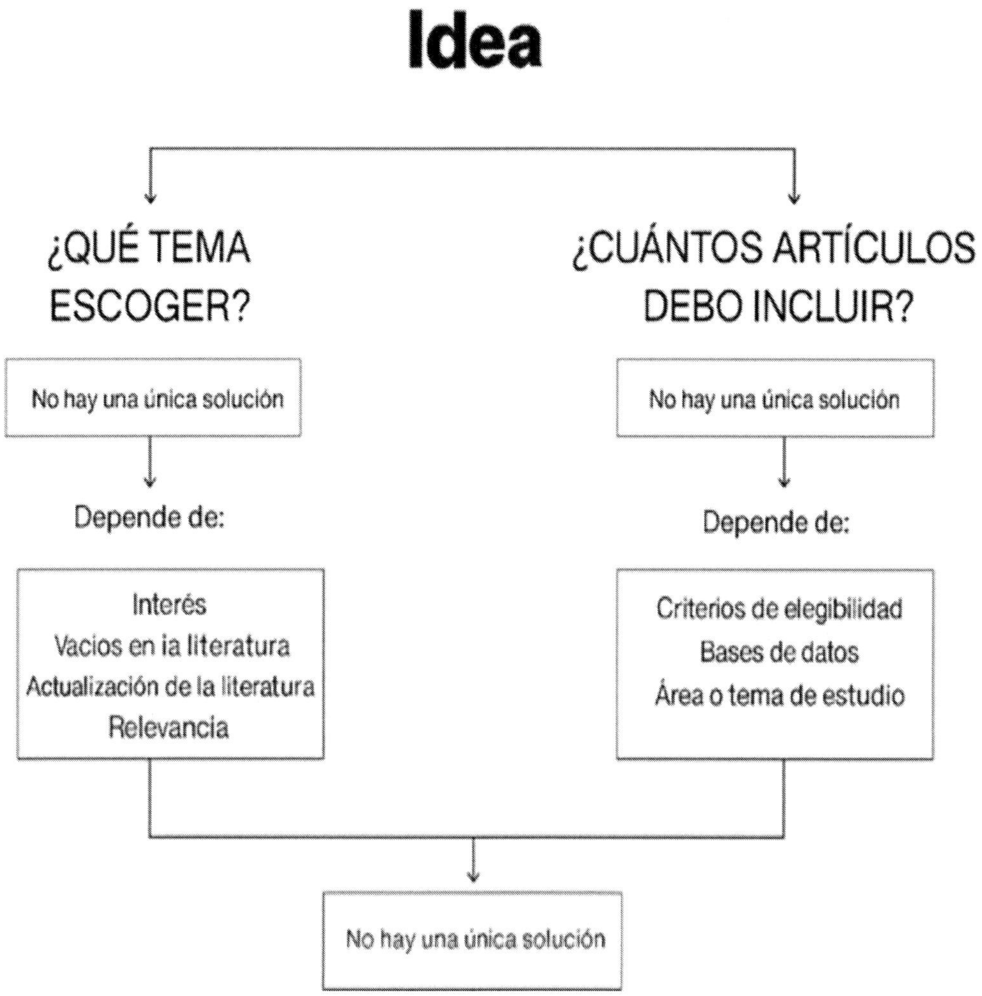

Para el desarrollo de esta fase es necesario tener conocimientos básicos sobre las palabras clave, ecuaciones de búsqueda de la literatura, bases de datos científicas y bases de datos menos tradicionales que funcionan como un motor de búsqueda basado en inteligencia artificial, aspectos que se abordarán en los capítulos siguientes (Capítulo V, VI, VI)

Figura 3.3. Fase exploratoria de una revisión de la literatura

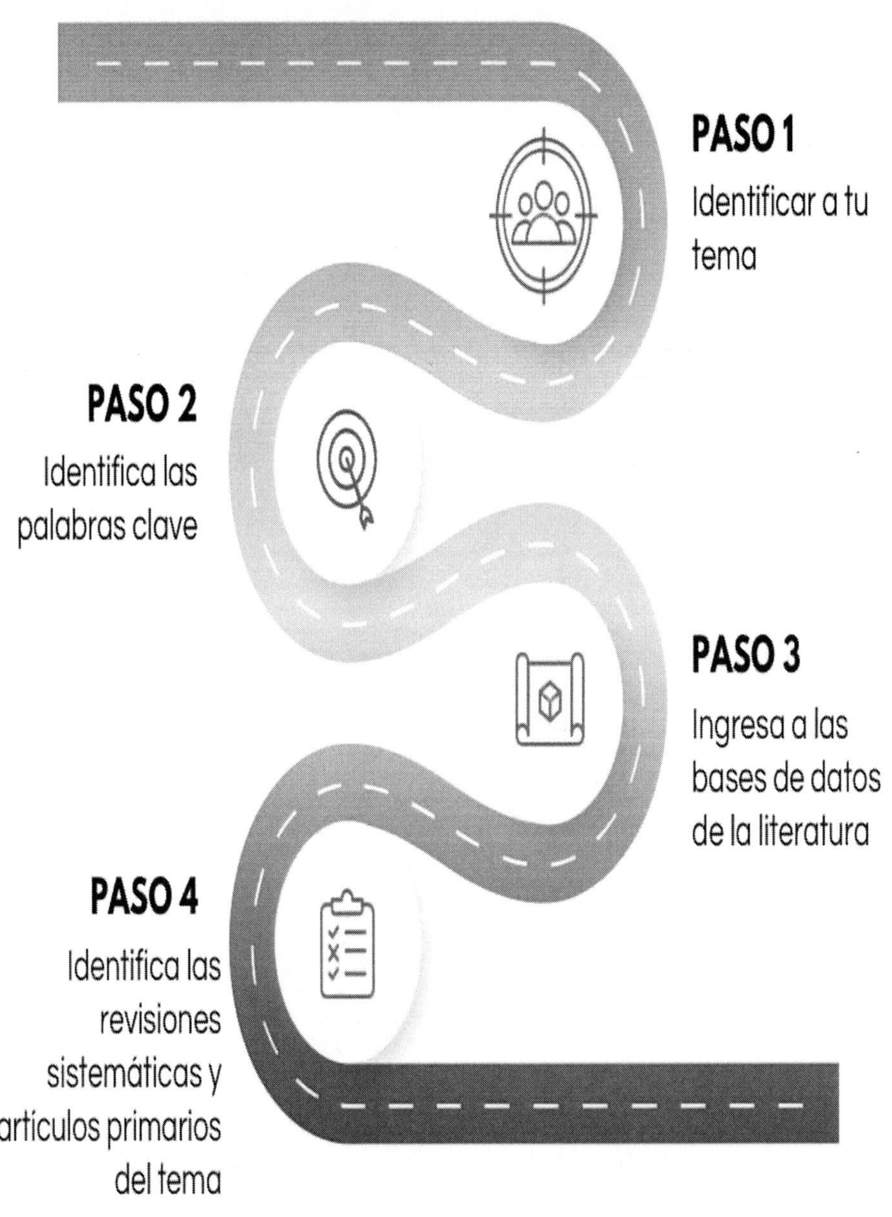

3.5. Revisiones de alcance (Scoping Reviews)

Es un tipo de revisión sistemática, la cual se lleva a cabo mediante un método de síntesis de la evidencia que mapea el conocimiento existente sobre un tema específico. Su utilidad radica en que puede emplearse como base para futuras investigaciones, aplicable en temas emergentes o para organizar la producción de la literatura que se ha desarrollado sobre un tema muy amplio y complejo (diferencias especificadas en la Figura 3.4).

Figura 3.4. Revisión de alcance

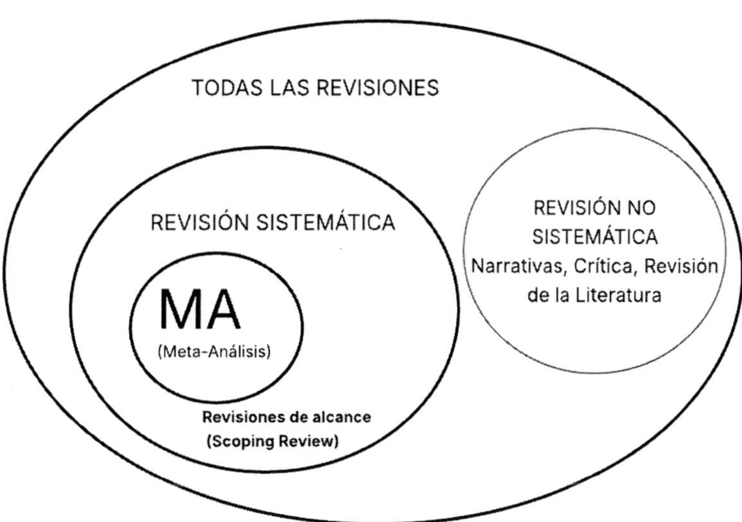

Un aspecto relevante de la revisión de alcance (scoping review) es que permiten explorar ampliamente la evidencia disponible. Sin restringirse a fuentes específicas, ya que, a diferencia de las revisiones sistemáticas, no se evalúa ni la calidad de la evidencia ni el riesgo de sesgo. Esto facilita la búsqueda en diversas bases de datos y recursos, al tiempo que resulta útil para responder a preguntas de investigación de carácter integral. Los objetivos de este tipo de investigación suelen ser:

1. Identificar la diversidad de la evidencia.
2. Mapear conceptos y definiciones clave.
3. Determinar los vacíos en la investigación de un tema.
4. Identificar de forma rápida la literatura antes de realizar una RS.

En cuanto al uso de las revisiones de alcance en el campo de la Salud, podemos establecer que generalmente se utilizan para trabajos académicos, memorias de investigación y publicación de artículos científicos. Es de gran ayuda para establecer los marcos teóricos, estado del arte o marcos metodológicos, la ventaja es que este esfuerzo también puede publicarse. Otro aspecto relevante es que, al igual que en otras revisiones sistemáticas, las revisiones de alcance también cuentan con lineamientos que permiten informar de manera transparente todo el proceso y garantizar el rigor metodológico de la síntesis. Entre estos se destacan el marco SALSA (Codina, 2017), las directrices del Joanna Briggs Institute-JBI (Hadie, 2024) y la guía PRISMA-SCR (Tricco, et al., 2018), específica para este tipo de revisiones.

Bibliometría

Es una técnica que utiliza métodos cuantitativos para analizar y caracterizar la literatura existente sobre un tema específico. Va más allá de la simple recopilación, buscando comprender la estructura, el crecimiento, la visibilidad y las tendencias del conocimiento publicado. Este enfoque es fundamental para las revisiones sistemáticas, pese a que no es común ver publicados en revistas científicas. Este procedimiento se ha convertido en una herramienta esencial para la toma de decisiones, análisis de tendencia de temas de estudio y visibilizarían de aspectos claves de un ámbito de estudio, sintetizando como aspectos clave de la bibliometría en las revisiones sistemáticas:

1. Búsqueda Sistemática y Exhaustividad:
   a) Implica el diseño de estrategias de búsqueda estructuradas y reproducibles para identificar todos los estudios que cumplan con criterios predefinidos;
   b) Se extiende más allá de las bases de datos académicas (como ERIC, MEDLINE, PsycINFO) para incluir la "literatura gris" (informes, tesis, actas de conferencias), que es crucial en campos como las Ciencias Sociales;
   c) Métodos como "captura-recaptura" pueden estimar la completitud de la búsqueda, comparando el solapamiento entre diferentes fuentes para calcular el número total de estudios relevantes, incluyendo los no publicados;
   d) La gestión de referencias con herramientas como Endnote o Reference Manager es vital para organizar los hallazgos y evitar duplicados [Introducción, primera respuesta, 219].
2. Análisis de Tendencias y Características de Publicación:
   a) Permite cuantificar la producción científica y sus tendencias, como el crecimiento de publicaciones o la distribución temática;
   b) Un ejemplo es la observación de que, en 2011, había un uso limitado de la metodología de revisión sistemática en la educación superior fuera del ámbito de la salud, con solo cinco revisiones sistemáticas identificadas en un ejercicio de exploración;
   c) El análisis de citas (por ejemplo, 849 citas para una revisión en JAMA hasta 2011) indica el impacto de un trabajo;
   d) También puede cuantificar el esfuerzo y los recursos necesarios para una revisión. Por ejemplo, un metaanálisis requirió en promedio 1,139 horas.

3. Identificación de Sesgos y Gaps en la Investigación:
    a) Ayuda a detectar el sesgo de publicación, donde estudios con resultados "positivos" son más propensos a ser publicados, distorsionando la evidencia;
    b) Las gráficas de embudo (funnel plots) son una herramienta bibliométrica común para visualizar este sesgo, donde la asimetría puede indicar estudios pequeños "perdidos";
    c) El "Fail-safe N" y "Trim and Fill" son métodos estadísticos para estimar y ajustar el efecto de estudios no publicados.
    d) Al mapear la literatura, la bibliometría es un excelente mecanismo para revelar áreas donde la investigación es escasa o inexistente, guiando futuras direcciones de estudio.

En síntesis, la bibliometría proporciona un marco cuantitativo riguroso para organización, análisis y evaluación de la literatura académica, contribuyendo a una comprensión más completa y menos sesgada del estado del conocimiento en cualquier campo.

3.6. Revisión Sistemática

A finales del siglo XIX surgieron por primera vez las revisiones sistemáticas de la literatura (en adelante revisiones sistemáticas), siendo para algunos autores lo que ha remplazado a la revisión de literatura convencional. Sin embargo, como presentaremos más adelante, no siempre está justificado el desarrollo de una revisión sistemática. Por un lado, este tipo de revisión constituye un estudio empírico que se desarrolla a través de un método estructurado y transparente para resumir la literatura existente y permitir a los lectores, una comprensión sistematizada de los resultados de un problema concreto (Hiebl, 2023; Varsha et al., 2024). Este tipo de estudio se sirve de los datos de estudios originales o primarios para recuperar, analizar y sintetizar los resultados disponibles, utilizando métodos sólidos con la finalidad de reducir los sesgos en la recopilación de la información. Ello lleva a que la calidad y la estandarización en las revisiones sistemáticas sea promovida por varias organizaciones y guías internacionales (presentadas a continuación), en tanto resaltan las siguientes características que la diferencian de estudios originales

1. Ahorra tiempo a los lectores.
2. Proporciona evidencia confiable.
3. Permite identificar brechas.
4. Explora las diferencias entre los estudios originales.
5. Permite identificar incoherencias.

6. Permite a los lectores identificar las preguntas que no han sido respondidas por completo.

Preferred Reporting Items for Systematic reviews and Meta-Analyses (PRISMA).

Moher y colaboradores publicaron la declaración PRISMA para proporcionar a los autores una lista de 27 elementos que tienen como objetivo mejorar la calidad de las revisiones sistemáticas, que tanto Moher como otros científicos habían alertado de que muchas revisiones carecían de calidad (Pearson et al., 2025). Esta declaración ha permitido que los autores de revisiones sistemáticas informen sobre los métodos que, utilizados, además, orienta el reporte de los hallazgos. Pese a la dificultad para rastrear la publicación de la declaración PRISMA (Page et al., 2022), Nature ha informado que es uno de los diez artículos más citados de los últimos años (Pearson et al., 2025).

Figura 3.5. Pasos de una Revisión Sistemática según PRISMA 2020

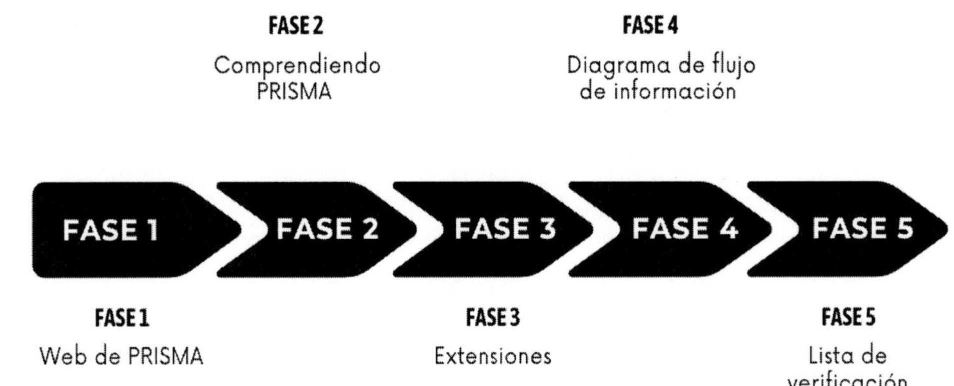

A nivel mundial, PRISMA ha sido respaldado por varias organizaciones editoriales como el Centro de Revisiones y Difusión, Cochrane, Consejo de Editores Científicos, La Agencia Nacional de Colaboración de Atención Médica Basada en la Evidencia (NECA por su nombre en inglés) y la Asociación Mundial de Editores Médicos y 191 revistas de prestigio académico a nivel mundial; además, ha sido traducido a más de 15 idiomas.

El procedimiento para el uso de PRISMA 2020 se describe a continuación. En el primer código se presenta la página web oficial, la cual constituye una herramienta básica para todos los autores interesados en desarrollar una revisión sistemática. Los autores encontrarán diversos accesos a documentos como la guía de PRISMA 2020, las extensiones, una lista de verificación y una ampliada, diagramas de flujo para diversos supuestos, los documentos de la declaración y documentos de explicación y elaboración.

El segundo paso, corresponde al análisis minucioso de la explicación y elaboración de PRISMA 2020: una orientación actualizada y ejemplos para informar sobre revisiones sistemáticas. Este paso es fundamental para que los autores puedan comprender cada uno de los pasos que sugiere la declaración. Aquí se da una explicación y se presenta ejemplos de revisiones publicadas para facilitar a los autores la comprensión e implementación en sus informes de revisión sistemática. PRISMA 2020 consta de tres documentos:

1) documento de declaración;

2) documento de desarrollo;

3) explicación y elaboración actualizada 2020.

En tercer lugar, los autores necesitan verificar las extensiones de PRISMA, que proporcionan orientaciones sobre revisiones particulares o utilizan fuentes de datos particulares como por ejemplo PRISMA para revisiones de alcance o PRISMA-COSMIN para instrumentos de medición de resultados.

En cuarto lugar, deben identificar el diagrama de flujo de información que es una de las fases de una revisión sistemática que permite mapear el número de registros identificados, tanto estudios incluidos o excluidos, así como las razones de exclusión. Se puede identificar diferentes plantillas dependiendo el tipo de revisión, esta puede ser nueva o actualizada y va a depender de las fuentes utilizadas para identificar los estudios. También se incluye la aplicación Shiny para generar diagramas de flujo; sin embargo, en los siguientes capítulos abordaremos gestores de datos que automatizan este procedimiento.

En quinto lugar, los autores deben informar sobre el cumplimiento de la lista de verificación de los 27 criterios. La lista está disponible en formato Word, PDF, Shiny o en línea o través del sitio web GoodReports de EQUATOR Network.

Figura: 3.6. Revisión Sistemática según PRISMA 2020. Continuación

1. Acceso a la página de PRISMA 2020	https://www.prisma-statement.org 
2. Lectura detenida de la explicación del documento de la declaración PRISMA 2020	https://www.bmj.com/content/372/bmj.n160 
3. Verificar la extención que corresponde con la revisión sistemática a desarrollar	https://www.prisma-statement.org/extensions 
4. Identificar el diagrama de flujo	https://www.prisma-statement.org/prisma-2020-flow-diagram 
5. Lista de verificación PRISMA 2020	https://www.prisma-statement.org/prisma-2020-checklist 

Cochrane

La Colaboración Cochrane es una organización internacional sin fines de lucro dedicada a la realización, mantenimiento y promoción de revisiones sistemáticas para informar decisiones en el ámbito de la atención sanitaria. Fue fundada en 1993 y lleva el nombre del epidemiólogo británico Archie Cochrane. Esta organización ha desempeñado un papel central en la estandarización de la metodología de las revisiones sistemáticas, promoviendo la investigación basada en la evidencia en medicina, enfermería y otras profesiones de la salud. Sus contribuciones y enfoques clave incluyen:

a) Estandarización Metodológica Rigurosa: Cochrane desempeña un papel central en la estandarización de la metodología de las revisiones sistemáticas, especialmente para los ensayos clínicos aleatorizados (RCTs). Esto incluye la publicación del "Manual Cochrane de Revisiones Sistemáticas de Intervenciones" (Cochrane Reviewers' Handbook), que es una guía fundamental para los revisores.
b) Principios Fundacionales: Se rige por principios como el trabajo colaborativo, el fomento del entusiasmo, la evitación de duplicaciones, la minimización del sesgo, el mantenimiento de revisiones actualizadas, el desarrollo continuo de la calidad, la continuidad en la gobernanza y la promoción de la participación.
c) Bases de Datos y Registros Exhaustivos: Gestiona el Cochrane Controlled Trials Register (CCTR), la base de datos más grande del mundo de ensayos controlados, accesible a través de la Cochrane Library. Además, enfatiza la necesidad de un registro prospectivo de ensayos para evitar la pérdida de información.
d) Herramientas de Software: Desarrolla y promueve el uso de software especializado como Cochrane RevMan, que facilita la realización de metaanálisis y la creación de gráficos de bosque (Forest plots).
e) Inclusión de "Literatura Gris": Reconoce la importancia de la "literatura gris" (informes no publicados por canales formales) en las búsquedas, aunque se centra en la literatura revisada por pares. Sus investigadores han estudiado la contribución de la búsqueda manual a los registros de ensayos.
f) Combate del Sesgo de Publicación y Evaluación de Calidad: Aborda activamente el sesgo de publicación (la tendencia a que estudios con resultados "positivos" sean más propensos a publicarse) y otros sesgos en los estudios primarios. Utiliza herramientas gráficas como los "funnel plots" para detectar este sesgo y métodos estadísticos como "Trim and Fill" para ajustarlo.
g) Integración de Investigación Cualitativa: Ha establecido un grupo metodológico conjunto con la Colaboración Campbell para desarrollar métodos que permitan la revisión sistemática de la investigación cualitativa. Este grupo destaca que

los estudios cualitativos pueden ayudar a definir intervenciones, elegir medidas de resultado y comprender la heterogeneidad de los hallazgos.

h) Transparencia y Participación del Consumidor: Fomenta la publicación de protocolos de revisión para aumentar la transparencia del proceso. Además, cuenta con un grupo de consumidores que comenta sobre el lenguaje, la justificación y las prioridades temáticas de las revisiones, asegurando su relevancia y accesibilidad para los usuarios finales.

i) Colaboración con Campbell Collaboration: La Colaboración Campbell, que se enfoca en revisiones sistemáticas en educación, justicia y bienestar social, se ha modelado a partir de Cochrane, compartiendo principios de rigor y grupos metodológicos para la síntesis de investigación.

Cochrane es una entidad pionera que ha establecido estándares de oro para las revisiones sistemáticas, ofreciendo un marco robusto y transparente para sintetizar la evidencia y hacerla accesible, lo que ha transformado la práctica basada en la evidencia en el ámbito de la salud y ha influido en otros campos. Su participación juega un papel central en la estandarización de la metodología de revisión sistemática en el ámbito de la salud. Su propósito es preparar, mantener y promover revisiones sistemáticas para informar las decisiones en atención sanitaria.

La organización se basa en principios como el trabajo colaborativo, la promoción del entusiasmo, la evitación de duplicidades, la minimización de sesgos, el mantenimiento actualizado, la relevancia y accesibilidad de las revisiones, el desarrollo continuo de la calidad, la continuidad de la gobernanza y la promoción de la participación. El "Manual Cochrane para revisiones sistemáticas de intervenciones" (Higgins and Green, 2011) es un recurso fundamental que describe las características esenciales de esta metodología, resaltado en ello como características clave de una revisión sistemática:

a. Objetivos claramente establecidos
b. Criterios de elegibilidad predefinidos
c. Metodología explícita y reproducible
d. Búsqueda sistemática de la literatura
e. Evaluación de la validez de los estudios incluidos
f. Síntesis sistemática y presentación de los resultados
g. Apreciación de la certeza de las pruebas

6. Acceso a la página de COLABORACIÓN COCHRANE

http://www.cochrane.org/

Además, destacar tres características adicionales que contribuyen a la solidez de una revisión sistemática:

1. Las conclusiones.
2. La reproducibilidad.
3. La actualización.
4. Tipos de Revisión Sistemática.

EQUATOR

Estas directrices son el pilar fundamental de iniciativas como EQUATOR (Enhancing the QUAlity and Transparency Of health Research), cuyo objetivo es mejorar la integridad de la investigación en salud.

Colaboración Campbell

Modelada a partir de la Colaboración Cochrane, la Colaboración Campbell es una red internacional de investigación que produce revisiones sistemáticas en educación, justicia y bienestar social. Ambas colaboraciones se fundan en principios similares de colaboración, promoción del entusiasmo, evitación de duplicidades, minimización de sesgos y desarrollo continuo de la calidad (Bearman et al., 2012).

Directrices MOOSE (Meta-analysis of observational studies in epidemiology)

Estas directrices proporcionan una lista de verificación para autores, editores y revisores de metaanálisis de estudios observacionales. Incluyen secciones para informar sobre el trasfondo, la estrategia de búsqueda, la evaluación de la calidad del estudio, la heterogeneidad, los métodos estadísticos y las conclusiones (Bearman et al., 2012).

Directrices QUORUM (Quality of Reporting of Meta-analyses)

Muchas revistas relacionadas con la salud han adoptado estas guías para la presentación de revisiones sistemáticas y metaanálisis. Entre otras cosas, requieren un diagrama de flujo detallado que ilustre la inclusión y exclusión de estudios de la revisión (Bearman et al., 2012).

Campos de aplicación

Las revisiones sistemáticas tienen un amplio campo de aplicación y pueden realizarse desde diversas áreas del conocimiento. En particular, son fundamentales en las ciencias de la salud, donde profesiones como la Psicología, Enfermería, Medicina, Terapia Física y Nutrición recurren frecuentemente a este tipo de estudios para respaldar la toma de decisiones clínicas y el diseño de políticas públicas o institucionales en el sector salud.

No obstante, más allá del área disciplinar, las revisiones sistemáticas siguen directrices metodológicas rigurosas que les permiten sintetizar la mejor evidencia disponible. Dependiendo de su enfoque, pueden centrarse en aspectos relevantes de la práctica clínica como, por ejemplo: el pronóstico de una condición de salud, la precisión diagnóstica de una prueba, la efectividad de intervenciones, la carga epidemiológica de enfermedades o incluso la revisión de temas metodológicos ya sea en el componente de investigación o en la práctica clínica.

En Ciencias del Comportamiento

Las revisiones sistemáticas se extienden mucho más allá de las ciencias de la salud, siendo una herramienta metodológica aplicable a un amplio espectro de disciplinas dentro de las ciencias del comportamiento, tales como la criminología, las políticas públicas, la psicología, la sociología y el bienestar social. Su valor radica en su capacidad para proporcionar una base de evidencia robusta y transparente, lo que es crucial para la toma de decisiones informadas en contextos complejos.

Retos específicos en ciencias del comportamiento:

a) Heterogeneidad de los estudios: Las revisiones en ciencias del comportamiento a menudo enfrentan una considerable heterogeneidad en poblaciones, intervenciones, contextos (históricos, culturales, espaciales) y diseños de estudio, lo que dificulta la síntesis y la interpretación. La meta-regresión y el análisis de subgrupos son herramientas para explorar esta heterogeneidad.

b) Sesgo de publicación y localización: La dificultad para encontrar estudios no publicados o en literatura "gris" y la tendencia a publicar resultados positivos puede introducir sesgos. Se usan métodos como la búsqueda exhaustiva (incluyendo literatura gris y no inglesa) y técnicas de "captura-recaptura" para estimar el número de estudios perdidos.

c) Dificultad en la estandarización: La diversidad de tradiciones de investigación, terminología y enfoques puede dificultar la formulación de preguntas y los términos de búsqueda, especialmente para estudios cualitativos.

En Educación

Las revisiones sistemáticas, aunque con una adopción más lenta en algunos sectores, han sido reconocidas como una herramienta clave en la práctica y la política educativa desde finales de los años 90. Su valor radica en su capacidad para sintetizar la evidencia y guiar las decisiones, a menudo inspirándose en el rigor metodológico desarrollado en la atención sanitaria.

Como retos específicos en la Educación destacamos los siguientes:

a) Diversidad de tradiciones de investigación y alineación filosófica: A diferencia de la investigación médica, la investigación educativa "celebra una variedad de enfoques" (críticos, feministas, post-estructuralistas, post-modernos, hermenéuticos, interpretativitas, post-positivistas).
b) Desafíos en la integración cualitativa: La integración de la investigación cualitativa es particularmente desafiante en educación debido a la diversidad de tradiciones de análisis y formas de presentación (fenomenografía, etnografía, análisis del discurso, fenomenología), lo que dificulta la transformación de información específica del contexto en formas más generalizables.
c) Aplicabilidad práctica limitada: Se ha señalado una utilización limitada de las conclusiones de las revisiones sistemáticas en el sector de la educación superior, especialmente porque un enfoque exclusivo en los resultados puede no proporcionar suficiente información para los educadores sobre los "mecanismos" específicos de "qué funciona y cuándo".
d) Consumo de tiempo y necesidad de capacitación: Los procesos de revisión sistemática son intensivos en tiempo y mano de obra. La necesidad de capacitación es crítica para los equipos no familiarizados con la metodología.

En Campos de la Salud

Esta capacidad de integrar información de manera estructurada y transparente convierte a las revisiones sistemáticas en una herramienta indispensable dentro de las competencias investigativas de un profesional del equipo de salud para mejorar la práctica basada en evidencia. A continuación, brindaremos una breve explicación de la utilidad de estas revisiones sistemáticas:

Figura 3.7. Diseños de investigación presentes de los estudios incluidos en revisiones sistemáticas de acuerdo con el campo de aplicación.

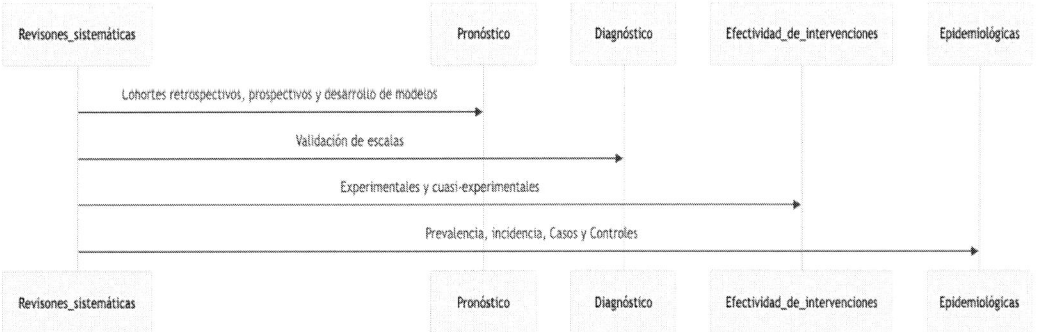

Pronóstico: Las revisiones sistemáticas de estudios pronósticos analizan investigaciones que estiman la probabilidad de ocurrencia de resultados de salud en personas con una condición específica. Existen tres tipos principales: estudios de pronóstico general (describen qué ocurre en cierto tiempo), estudios de factores pronósticos (identifican características asociadas a los resultados) y estudios de modelos pronósticos (combinan factores para predecir resultados individualmente). Estos modelos se desarrollan y validan utilizando datos clínicos del paciente y permiten apoyar decisiones clínicas, informar a pacientes o diseñar intervenciones. Las revisiones pueden centrarse en desarrollo, validación o ambos (Damen et al., 2023).

En el campo de la salud mental, un ejemplo de pronóstico a destacar es la revisión sistemática titulada: *Psychological and contextual risk factors for first-onset depression among adolescents and young people around the globe: A systematic review and meta-analysis.* Esta investigación analizó estudios de diseño prospectivo longitudinal publicados entre 2009 y 2020, con seguimiento mínimo de 6 meses para identificar factores de riesgo psicológicos y contextuales relacionados con el primer episodio de depresión en adolescentes y jóvenes. El hallazgo relevante fue la identificación de un grupo de variables psicológicas como estrés, apoyo social y personalidad que predijeron la aparición de la depresión (Pedersen et al., 2022).

Tal como se ha observado este tipo de revisiones sistemáticas recuperan estudios que sintetizan variables psicológicas iniciales y desenlaces que comprometan la salud mental posteriormente, el desarrollo de investigaciones como la mencionada, facilita la generalización de conclusiones y ayuda a los profesionales a mayor precisión en el pronóstico clínico de los pacientes. Otras revisiones sistemáticas de este tipo también asumen el análisis de investigaciones que agrupan los modelos de pronóstico multivariado, es decir, varios factores psicológicos en un modelo predictivo para estimar la probabilidad de un desenlace que puede ser el éxito terapéutico o la gravedad de un cuadro clínico.

Precisión diagnóstica: Las revisiones sistemáticas sobre precisión de las pruebas diagnósticas (DTA) tienen como objetivo resumir la evidencia disponible sobre la capacidad de una prueba para identificar correctamente una condición. Estas revisiones no solo evalúan la precisión diagnóstica, sino que también exploran las razones de la variabilidad entre estudios, comparan el rendimiento de pruebas alternativas y contextualizan los hallazgos para su aplicación clínica.

Aunque son comunes en áreas como urgencias, trasplantes o imagenología, sus principios metodológicos también se aplican en psicología, especialmente en la validación de escalas e instrumentos diagnósticos, donde se requiere evaluar su validez para identificar trastornos o estados psicológicos de forma fiable.

Efectividad de intervención y epidemiológica: Las revisiones sistemáticas, con su metodología transparente y protocolizada, resultan fundamentales en epidemiología para determinar la efectividad de las intervenciones, superando la ambigüedad de estudios individuales.

Si bien los ensayos controlados aleatorios (ECA) son el diseño más robusto por su validez interna para establecer causalidad, estas revisiones integran una gama más amplia de estudios, incluyendo diseños cuasiexperimentales, vitales cuando los ECA son inviables limitada en políticas sociales (Bearman et al., 2012). Abordan no solo "qué funciona", sino también "por qué" y "cómo se implementa", a menudo con investigación cualitativa para comprender procesos y contextos.

3.7. Metaanálisis

Un metaanálisis es una técnica estadística que se incluye en las revisiones sistemáticas para cuantificar los resultados de los estudios originales. Esta aproximación permite una mayor precisión en la estimación del tamaño del efecto general y la capacidad de investigar sistemáticamente las diferencias entre estudios y grupos de estudios. Los orígenes del metaanálisis en su forma actual se remontan al trabajo de Glass y Smith a finales de la década de 1970, en el campo de la psicoterapia. Es una herramienta útil, pero su aplicación es más adecuada cuando los estudios a cambiar son conceptual y metodológicamente similares. Esta técnica se desarrolla a profundidad en el Capítulo XI.

- **Registro de un protocolo de Revisión Sistemática y Metaanálisis**

Como resultado de esta necesidad de rigor y transparencia, se han establecido distintos lineamientos para informar de manera clara, estructurada y reproducible los hallazgos obtenidos. Entre ellos, el más reconocido a nivel internacional es la declaración PRISMA, cuyas siglas en inglés corresponden a Preferred Reporting Items for Systematic Reviews and Meta-Analyses.

Esta iniciativa surge a raíz del trabajo de la investigadora Cynthia Mulrow en la década de 1980, quien evidenció importantes deficiencias en la calidad de los informes de revisión existentes. Su estudio impulsó la creación de un grupo internacional de expertos que desarrolló los estándares PRISMA, ampliamente utilizados hoy en día por investigadores de todo el mundo para asegurar que sus revisiones sistemáticas sean útiles, reproducibles y relevantes tanto para pacientes como para profesionales y académicos del sector salud.

El registro prospectivo de revisiones sistemáticas, presentado ya, constituye un paso fundamental en la planificación de una investigación rigurosa. Su principal objetivo es minimizar los sesgos en la ejecución y presentación de los resultados, así como fomentar la transparencia científica. Además, contribuye a evitar la duplicación involuntaria de trabajos similares, lo que a su vez reduce el desperdicio de recursos en investigación.

Una de las plataformas más reconocidas para este fin es PROSPERO, lanzada en 2011 como el primer registro internacional dedicado exclusivamente a revisiones sistemáticas sobre resultados en salud humana.

Durante años fue la única herramienta de este tipo; sin embargo, recientemente han surgido nuevas alternativas que también promueven el registro anticipado y transparente de protocolos. Registrar el protocolo desde el inicio permite clarificar los objetivos, métodos y criterios de inclusión, lo cual refuerza la calidad metodológica de la revisión y facilita su reproducción (Pieper and Rombey, 2022).

PROSPERO fue desarrollada por el Centre for Reviews and Dissemination (CRD) de la Universidad de York, Reino Unido. Su principal objetivo es ofrecer una lista pública y actualizada de revisiones sistemáticas registradas desde sus etapas iniciales, con el fin de prevenir la duplicación de esfuerzos, aumentar la transparencia del proceso investigativo y reducir el riesgo de sesgos en los informes finales. Esto se logra al permitir la comparación entre los resultados de la revisión y los objetivos y métodos previamente establecidos en el protocolo.

En cuanto a los criterios de elegibilidad, PROSPERO establece en sus políticas la aceptación exclusiva del registro de:

- Revisiones sistemáticas de estudios en humanos.
- Revisiones de estudios en animales solo si están directamente relacionadas con la salud humana.

No se aceptan:

- Revisiones de alcance (scoping reviews), revisiones de la literatura o mapeos sistemáticos.
- Estudios in vitro.

- Revisiones que ya hayan iniciado la fase de extracción de datos (a partir de octubre de 2019 se exige que el protocolo sea registrado antes de comenzar esta etapa).
- Las revisiones Cochrane, por su parte, cuentan con sus propios protocolos registrados, los cuales se incluyen automáticamente también en PROSPERO.

Antes de registrar una revisión sistemática en PROSPERO, es indispensable verificar que el estudio cumpla con los criterios de elegibilidad establecidos por esta plataforma. Para facilitar este proceso, se propone el siguiente algoritmo de decisión, basado en una serie de preguntas clave que permiten al investigador determinar si su protocolo puede ser aceptado en la base de datos.

A continuación, se presenta el flujo lógico que debe seguirse antes de iniciar el proceso de registro (ver Figura).

Figura 3.8. Algoritmo de decisión para verificar la elegibilidad de una revisión sistemática en PROSPERO.

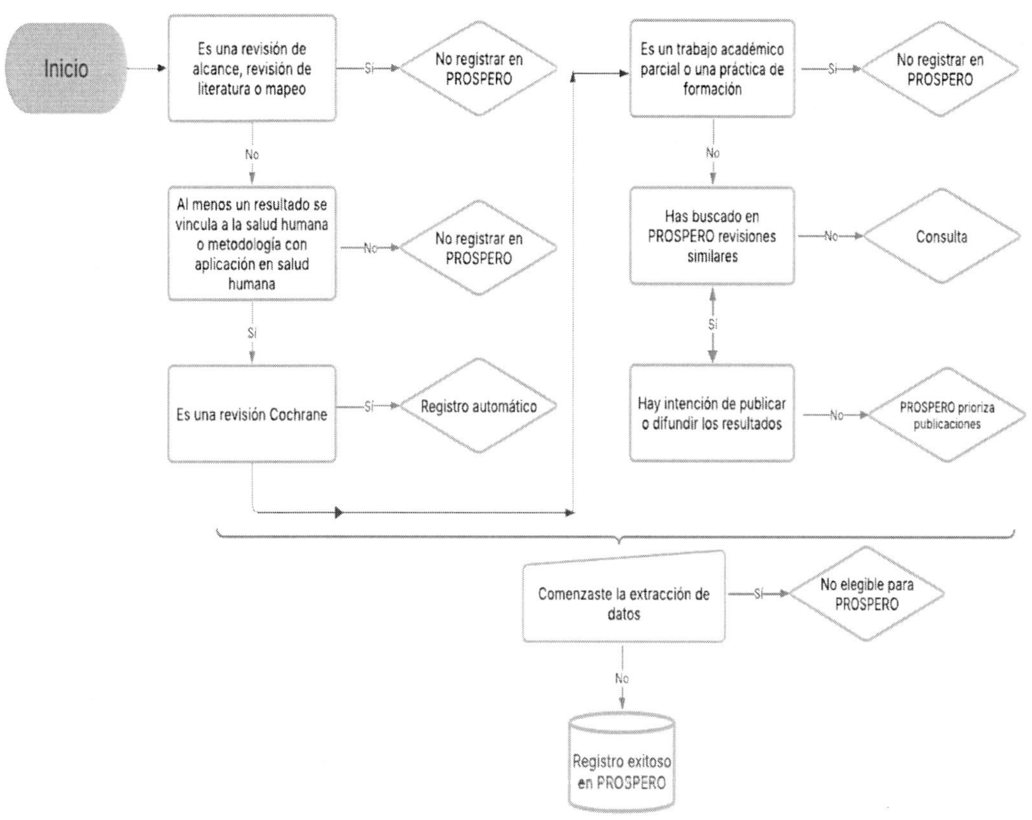

Fuente: Adaptado de las preguntas de PROSPERO sobre criterios para el registro.

Realizar el registro oportunamente en PROSPERO no solo mejora la calidad metodológica del estudio, sino que también contribuye a la integridad científica del campo de la salud mediante la promoción de procesos más rigurosos y abiertos

El "Manual Cochrane para revisiones sistemáticas de intervenciones" (Higgins and Green, 2011) es un recurso fundamental que describe en detalle las características esenciales de esta metodología.

3.8. Fuentes documentales

Anderson, L. M., Oliver, S. R., Michie, S., Rehfuess, E., Noyes, J., and Shemilt, I. (2013). Investigating complexity in systematic reviews of interventions by using a spectrum of methods. *Journal of Clinical Epidemiology*, *66*(11), 1223–1229. https://doi.org/10.1016/j.jclinepi.2013.06.014

Bearman, M., Smith, C. D., Carbone, A., Slade, S., Baik, C., Hughes-Warrington, M., and Neumann, D. L. (2012). Systematic review methodology in higher education. *Higher Education Research and Development*, *31*(5), 625–640. https://doi.org/10.1080/07294360.2012.702735

Booth, A., Clarke, M., Ghersi, D., Moher, D., Petticrew, M., and Stewart, L. (2011). An international registry of systematic-review protocols. *The Lancet*, *377*(9760), 108–109. https://doi.org/10.1016/S0140-6736(10)60903-8

Booth, A., Sutton, A., and Papaioannou, D. (2016). *Systematic Approaches to a Successful Literature Review* (2nd ed.). Sage Publications.

Borenstein, M., Hedges, L. V., Higgins, J. P. T., and Rothstein, H. R. (2009). *Introduction to Meta-Analysis*. Wiley. https://doi.org/10.1002/9780470743386

Butterworth, H., Wood, L., and Rowe, S. (2022). Patients' and staff members' experiences of restrictive practices in acute mental health in-patient settings: systematic review and thematic synthesis. *BJPsych Open*, *8*(6), e178. https://doi.org/10.1192/bjo.2022.574

Cascaes da Silva, F., Beatriz Angélica Valdivia Arancibia, T., da Rosa Iop, R., Jose Barbosa Gutierres Filho, P., and da Silva, R. (2013). *Escalas y listas de evaluación de la calidad de estudios científicos Evaluation lists and scales for the quality of scientific studies* (Vol. 24, Issue 3). http://scielo.sld.cu

Casy, T., Grasseau, A., Charras, A., Rouvière, B., Pers, J.-O., Foulquier, N., and Saraux, A. (2022). Assessing the robustness of clinical trials by estimating Jadad's score using artificial intelligence approaches. *Computers in Biology and Medicine*, *148*, 105851. https://doi.org/10.1016/j.compbiomed.2022.105851

Chalmers, I., Hedges, L. V., and Cooper, H. (2002). A Brief History of Research Synthesis. *Evaluation and the Health Professions*, *25*(1), 12–37. https://doi.org/10.1177/0163278702025001003

Counsell, C. (1997). Formulating Questions and Locating Primary Studies for Inclusion in Systematic Reviews. *Annals of Internal Medicine*, *127*(5), 380–387. https://doi.org/10.7326/0003-4819-127-5-199709010-00008

Declercq, I. J. N., Leontjevas, R., Verboon, P., De Vriendt, P., Gerritsen, D. L., and van Hooren, S. (2024). A bayesian network meta-analysis to explore modifying factors in randomized controlled trials: what works for whom to reduce depression in nursing home residents? *BMC Geriatrics*, *24*(1), 518. https://doi.org/10.1186/s12877-024-05117-8

Escrig Sos, V. J., Llueca Abella, J. A., Granel Villach, L., and Bellver Oliver, M. (2021). Metaanálisis: una forma básica de entender e interpretar su evidencia. *Revista de Senología y Patología Mamaria*, *34*(1), 44–51. https://doi.org/10.1016/j.senol.2020.05.007

Frandsen, T. F., Bruun Nielsen, M. F., Lindhardt, C. L., and Eriksen, M. B. (2020). Using the full PICO model as a search tool for systematic reviews resulted in lower recall for some PICO elements. *Journal of Clinical Epidemiology*, *127*, 69–75. https://doi.org/10.1016/j.jclinepi.2020.07.005

Fricke, J., Siddique, S. M., Douma, C., Ladak, A., Burchill, C. N., Greysen, R., and Mull, N. K. (2023). Workplace Violence in Healthcare Settings: A Scoping Review of Guidelines and Systematic Reviews. *Trauma, Violence, and Abuse*, *24*(5), 3363–3383. https://doi.org/10.1177/15248380221126476

Hiebl, M. R. W. (2023). Sample Selection in Systematic Literature Reviews of Management Research. *Organizational Research Methods*, *26*(2), 229–261. https://doi.org/10.1177/1094428120986851

Higgins, J. P. (2016). ROBINS-I: a tool for assessing risk of bias in non-randomised studies of interventions. *BMJ*, i4919. https://doi.org/10.1136/bmj.i4919

Higgins, J., Thomas, J., Chandler, J., Cumpston, M., Li, T., Page, M., and Welch, V. (2024). *Cochrane Handbook for Systematic Reviews of Interventions version 6.5* (2nd ed.). Cochrane.

Hopewell, S., McDonald, S., Clarke, M. J., and Egger, M. (2007). Grey literature in meta-analyses of randomized trials of health care interventions. *Cochrane Database of Systematic Reviews*, *2010*(1). https://doi.org/10.1002/14651858.MR000010.pub3

Horsley, T., Dingwall, O., Tetzlaff, J. M., and Sampson, M. (2009). Checking reference lists to find additional studies for systematic reviews. In T. Horsley (Ed.), *Cochrane Database of Systematic Reviews*. John Wiley and Sons, Ltd. https://doi.org/10.1002/14651858.MR000026

Jameson, J., Barnard, J., Rumyantseva, N., Essex, R., and Gkinopoulos, T. (2023). A systematic scoping review and textual narrative synthesis of trust amongst staff in higher education settings. *Studies in Higher Education*, *48*(3), 424–444. https://doi.org/10.1080/03075079.2022.2145278

Kirmayr, M., Quilodrán, C., Valente, B., Loezar, C., Garegnani, L., and Franco, J. V. A. (2021). The GRADE approach, Part 1: how to assess the certainty of the evidence. *Medwave*, *21*(02), e8109–e8109. https://doi.org/10.5867/medwave.2021.02.8109

Kraus, S., Breier, M., and Dasí-Rodríguez, S. (2020). The art of crafting a systematic literature review in entrepreneurship research. *International Entrepreneurship and Management Journal*, *16*(3), 1023–1042. https://doi.org/10.1007/s11365-020-00635-4

Lee, A. R. Y. Bin, Leong, I., Lau, G., Tan, A. W., Ho, R. C. M., Ho, C. S. H., and Chen, M. Z. (2023). Depression and anxiety in older adults with cancer: Systematic review and meta-summary of risk, protective and exacerbating factors. *General Hospital Psychiatry*, *81*, 32–42. https://doi.org/10.1016/j.genhosppsych.2023.01.008

Lo, C. K.-L., Mertz, D., and Loeb, M. (2014). Newcastle-Ottawa Scale: comparing reviewers' to authors' assessments. *BMC Medical Research Methodology*, *14*(1), 45. https://doi.org/10.1186/1471-2288-14-45

Mansilla, C., Wang, Q., Piggott, T., Bragge, P., Waddell, K., Guyatt, G., Sweetman, A., and Lavis, J. N. (2024). A living critical interpretive synthesis to yield a framework on the production and dissemination of living evidence syntheses for decision-making. *Implementation Science*, *19*(1), 67. https://doi.org/10.1186/s13012-024-01396-2

Manterola, C., Asenjo-Lobos, C., and Otzen, T. (2014). Jerarquización de la evidencia: Niveles de evidencia y grados de recomendación de uso actual. *Revista Chilena de Infectología*, *31*(6), 705–718. https://doi.org/10.4067/S0716-10182014000600011

Marie Yayen, K. R., Michael Deblois, J. D., Rosario Bernardo-Lazaro, M., and Manila, H. (2024). How to Conduct a Systematic Review and Meta-analysis? *The Filipino Family Physician*, *62*(1), 51–66. https://thepafp.org/journal/abstract/the-

Minion, J., Egunsola, O., Mastikhina, L., Farkas, B., Hofmeister, M., Flanagan, J., Salmon, C., and Clement, F. (2021). PICO Portal (product review). *Journal of the Canadian Health Libraries Association / Journal de l'Association Des Bibliothèques de La Santé Du Canada*, *42*(3). https://doi.org/10.29173/jchla29590

Moher, D., Liberati, A., Tetzlaff, J., and Altman, D. G. (2009). Preferred Reporting Items for Systematic Reviews and Meta-Analyses: The PRISMA Statement. *PLoS Medicine*, *6*(7), e1000097. https://doi.org/10.1371/journal.pmed.1000097

Moreau, D., and Wiebels, K. (2024). Nine quick tips for open meta-analyses. *PLOS Computational Biology*, *20*(7), e1012252. https://doi.org/10.1371/journal.pcbi.1012252

Murad, M. H., Asi, N., Alsawas, M., and Alahdab, F. (2016). New evidence pyramid. *Evidence Based Medicine*, *21*(4), 125–127. https://doi.org/10.1136/ebmed-2016-110401

Norman, G. (2014). Data dredging, salami-slicing, and other successful strategies to ensure rejection: twelve tips on how to not get your paper published. *Advances in Health Sciences Education*, *19*(1), 1–5. https://doi.org/10.1007/s10459-014-9494-8

O'Connor, D., Green, S., and Higgins, J. P. (2008). Defining the Review Question and Developing Criteria for Including Studies. In *Cochrane Handbook for Systematic Reviews of Interventions* (pp. 81–94). Wiley. https://doi.org/10.1002/9780470712184.ch5

Page, M. J., McKenzie, J. E., Bossuyt, P. M., Boutron, I., Hoffmann, T. C., Mulrow, C. D., Shamseer, L., Tetzlaff, J. M., Akl, E. A., Brennan, S. E., Chou, R., Glanville, J., Grimshaw, J. M., Hróbjartsson, A., Lalu, M. M., Li, T., Loder, E. W., Mayo-Wilson, E., McDonald, S., … Moher, D. (2021). The PRISMA 2020 statement:

an updated guideline for reporting systematic reviews. *BMJ*, n71. https://doi.org/10.1136/bmj.n71

Page, M. J., McKenzie, J. E., Bossuyt, P. M., Boutron, I., Hoffmann, T. C., Mulrow, C. D., Shamseer, L., Tetzlaff, J. M., Akl, E. A., Brennan, S. E., Chou, R., Glanville, J., Grimshaw, J. M., Hrobjartsson, A., Lalu, M. M., Li, T., Loder, E. W., Mayo-Wilson, E., McDonald, S. and Moher, D. (2022). The PRISMA 2020 statement: an updated guideline for reporting systematic reviews. *Revista panamericana de salud pública - panamerican Journal of Public health, 46.* https://doi.org/10.26633/RPSP.2022.112

Pearson, H., Ledford, H., Hutson, M., and Van Noorden, R. (2025). Exclusive: the most-cited papers of the twenty-first century. *Nature*, *640*(8059), 588–592. https://doi.org/10.1038/d41586-025-01125-9

Piolanti, A., Jouriles, E. N., and Foran, H. M. (2022). Assessment of Psychosocial Programs to Prevent Sexual Violence During Adolescence. *JAMA Network Open*, *5*(11), e2240895. https://doi.org/10.1001/jamanetworkopen.2022.40895

Quispe, A. M., Hinojosa-Ticona, Y., Miranda, H. A., and Sedano, C. A. (2021). Serie de Redacción Científica: Revisiones Sistemáticas. *Revista Del Cuerpo Médico Hospital Nacional Almanzor Aguinaga Asenjo*, *14*(1), 94–99. https://doi.org/10.35434/rcmhnaaa.2021.141.906

Robinson, K. A., Saldanha, I. J., and Mckoy, N. A. (2011). Development of a framework to identify research gaps from systematic reviews. *Journal of Clinical Epidemiology*, *64*(12), 1325–1330. https://doi.org/10.1016/j.jclinepi.2011.06.009

Rüschenpöhler, L. (2024). A review of science teaching approaches for equity focusing on race, class, and religion from the perspectives of Freire's and Arendt's theories of education. *Science Education*, *108*(4), 1191–1221. https://doi.org/10.1002/sce.21868

Sánchez-Martín, M., Pedreño Plana, M., Ponce Gea, A. I., and Navarro-Mateu, F. (2023). And, at first, it was the research question… The PICO, PECO, SPIDER and FINER formats [Y, al principio, fue la pregunta de investigación … Los formatos PICO, PECO, SPIDER y FINER]. *Espiral. Cuadernos del Profesorado*, *16*(32), 126–136. https://doi.org/10.25115/ecp.v16i32.9102

Saragosa, M., Frew, M., Hahn-Goldberg, S., Orchanian-Cheff, A., Abrams, H., and Okrainec, K. (2022). The Young Carers' Journey: A Systematic Review and Meta Ethnography. *International Journal of Environmental Research and Public Health*, *19*(10), 5826. https://doi.org/10.3390/ijerph19105826

Schardt, C., Adams, M. B., Owens, T., Keitz, S., and Fontelo, P. (2007). Utilization of the PICO framework to improve searching PubMed for clinical questions. *BMC Medical Informatics and Decision Making*, *7*(1), 16. https://doi.org/10.1186/1472-6947-7-16

Shea, B. J., Reeves, B. C., Wells, G., Thuku, M., Hamel, C., Moran, J., Moher, D., Tugwell, P., Welch, V., Kristjansson, E., and Henry, D. A. (2017). AMSTAR 2: a critical appraisal tool for systematic reviews that include randomised or non-randomised studies of healthcare interventions, or both. *BMJ*, j4008. https://doi.org/10.1136/bmj.j4008

Sontag, A. F., Kiselev, J., Schaller, S. J., Spies, C., and Rombey, T. (2024). Facilitators and barriers to the implementation of prehabilitation for frail patients into routine health care: a realist review. *BMC Health Services Research*, *24*(1), 192. https://doi.org/10.1186/s12913-024-10665-1

Tawfik, G. M., Dila, K. A. S., Mohamed, M. Y. F., Tam, D. N. H., Kien, N. D., Ahmed, A. M., and Huy, N. T. (2019). A step by step guide for conducting a systematic review and meta-analysis with simulation data. *Tropical Medicine and Health*, *47*(1), 46. https://doi.org/10.1186/s41182-019-0165-6

Varsha, P. S., Chakraborty, A., and Kar, A. K. (2024). How to Undertake an Impactful Literature Review: Understanding Review Approaches and Guidelines for High-impact Systematic Literature Reviews? *South Asian Journal of Business and Management Cases*, *13*(1), 18–35. https://doi.org/10.1177/22779779241227654

Vighnesh, D. (2021, June 25). *What is data dredging?* Students 4 Best Evidence.

Wang, Q., Liao, J., Lapata, M., and Macleod, M. (2022). PICO entity extraction for preclinical animal literature. *Systematic Reviews*, *11*(1), 209. https://doi.org/10.1186/s13643-022-02074-4

Wauthier, L. M., and Williams, J. M. (2022). Understanding and Conceptualizing Childhood Animal Harm: A Meta-Narrative Systematic Review. *Anthrozoös*, *35*(2), 165–202. https://doi.org/10.1080/08927936.2021.1986262

Xiao, Y., and Watson, M. (2019). Guidance on Conducting a Systematic Literature Review. *Journal of Planning Education and Research*, *39*(1), 93–112. https://doi.org/10.1177/0739456X17723971

Zaccagnini, M., and Li, J. (2023). How to Conduct a Systematic Review and Meta-Analysis: A Guide for Clinicians? *Respiratory Care*, *68*(9), 1295–1308. https://doi.org/10.4187/respcare.10971

CAPÍTULO 4

Capítulo 4

Pregunta, Objetivo y Criterios de Elegibilidad

Venus Medina Maldonado
Docente e investigadora
Centro de Investigación para la Salud de América Latina (CISeAL)
Pontificia Universidad Católica del Ecuador
vemedinam@puce.edu.ec
https://orcid.org/0000-0003-4260-6230

Alhena L. Alfaro-Urquiola
Universidad de Oviedo, España
agathalhe@gmail.com
UO298006@uniovi.es
https://orcid.org/0000-0002-9660-0320

Adriana Genoveva Samaniego-Benavidez
Docente del Ministerio de Educación - Ecuador
Investigadora del Centro de Investigación, Desarrollo e Innovación Educativa del Principado de Asturias (CIDIPA)
adriana.samaniego@educacion.gob.ec
UO296265@uniovi.es
https://orcid.org/0009-0007-0656-0665

Resumen

El cuarto capítulo profundiza en el papel de la investigación aplicada dentro de los procesos de innovación educativa, planteando cómo la práctica investigadora puede convertirse en un motor real de transformación en los contextos académicos. Se parte de una contextualización que sitúa a la universidad en un escenario de cambios acelerados, donde se hace imprescindible vincular la teoría con la práctica y reforzar el papel de los equipos docentes e investigadores en la mejora institucional. El objetivo principal del capítulo es mostrar experiencias y enfoques que permiten articular proyectos de investigación con impacto directo en la docencia y en el aprendizaje del alumnado. La importancia de este análisis radica en que ofrece criterios y ejemplos para que las universidades fortalezcan su función social mediante la transferencia de conocimiento y la generación de soluciones innovadoras. Entre sus contenidos se destacan la investigación-acción, los proyectos colaborativos y las dinámicas de retroalimentación entre investigadores, docentes y estudiantes. El capítulo concluye enfatizando que la investigación aplicada no solo amplía el conocimiento académico, sino que también aporta valor al entorno social y profesional, consolidando el rol de la universidad como agente de cambio.

Palabras clave: investigación aplicada, innovación educativa, transferencia, proyectos colaborativos, transformación

Abstract

The fourth chapter delves into the role of applied research within educational innovation processes, showing how research practice can become a true driver of transformation in academic contexts. It begins with a contextualization of the university in a rapidly changing environment, where linking theory with practice is essential and the role of teaching and research teams must be strengthened to achieve institutional improvement. The main objective of the chapter is to present experiences and approaches that allow the articulation of research projects with direct impact on teaching and student learning. Its importance lies in providing criteria and examples for universities to strengthen their social role through knowledge transfer and the creation of innovative solutions. Key contents include action research, collaborative projects, and feedback dynamics among researchers, teachers, and students. The chapter concludes by emphasizing that applied research not only expands academic knowledge but also adds value to the social and professional environment, consolidating the role of the university as an agent of change.

Keywords: English: applied research, educational innovation, knowledge transfer, collaborative projects, transformation

4.1. Contextualización

Hablar de una buena revisión sistemática, con o sin metaanálisis, muchas veces puede uno centrarse en los resultados que este proporciona. No obstante, su validez, robustez y credibilidad no dependen sólo las herramientas empleadas para la escritura de una narrativa coherente o, en el caso de los metaanálisis, de cuán sofisticados sean sus modelos de efectos fijos o aleatorios, sino, ante todo, de la solidez de su protocolo de investigación. Un protocolo riguroso, transparente y definido a priori es elemental para mitigar los sesgos que amenazan la integridad de cualquier síntesis de evidencia y para garantizar la reproducibilidad, un pilar en la ciencia contemporánea.

El presente capítulo profundiza en tres aspectos clave de este protocolo: la correcta formulación de la pregunta de investigación, los objetivos y criterios de elegibilidad.

¿Cómo formular una pregunta de investigación?

Al iniciar una revisión, es fundamental definir claramente su naturaleza y alcance. Ello nos permite establecer los límites temáticos y metodológicos del estudio.

Luego, es recomendable identificar los conceptos clave relacionados con el tema. En algunos casos resulta útil emplear lenguaje controlado de los tesauros de ciencias de la salud (MeSH o DeSC), lo cual incluye una búsqueda preliminar para delimitar el alcance.

Una buena formulación de la pregunta es un gran paso hacia la planificación de la investigación que favorece la escritura de criterios claros para la selección de los artículos de investigación que serán analizados. Es esencial que, al formular la pregunta de revisión, esta sea abierta, lo que fomenta una exploración más amplia y profunda del tema. Esta estructura asegura una revisión coherente, rigurosa y útil para la comunidad académica (Counsell, 1997).

¿Cuáles son las características de una buena pregunta para iniciar investigaciones secundarias?

En caso de dudas al formular una pregunta de investigación para una revisión sistemática, existen herramientas útiles que permiten evaluar su calidad y viabilidad. Una de las más reconocidas es el criterio FINER, un acrónimo que orienta sobre aspectos clave:

La F de Factibilidad implica que la revisión debe ser viable, en términos de tiempo, acceso a bases de datos científicas, disponibilidad de literatura relevante y recursos humanos capacitados para realizar búsquedas sistemáticas y análisis crítico. Además, debe tener un alcance manejable y un diseño metodológico adecuado, como el uso de guías PRISMA o registros en PROSPERO.

La I se refiere a que la pregunta debe ser Interesante para el equipo investigador y potenciales lectores, lo que favorece el compromiso y la rigurosidad del proceso.

La N de Novedad exige que la revisión aporte algo nuevo, ya sea al actualizar evidencia, sintetizar resultados dispersos o explorar vacíos identificados en estudios previos, lo cual requiere una búsqueda preliminar exhaustiva.

La E de Ética implica seguir principios éticos, como la transparencia en la metodología y la declaración de conflictos de interés, aunque no siempre se requiere aprobación de un comité ético.

Finalmente, la R de Relevancia destaca la importancia de que los hallazgos influyan en la práctica clínica, la toma de decisiones en salud o futuras investigaciones.

Aplicar FINER asegura que la pregunta de revisión sistemática sea sólida, útil y pertinente.

La tabla muestra un conjunto de preguntas que pueden ayudar a aplicar los criterios de FINER al momento de reflexionar sobre nuestra pregunta de investigación, a la vez que la guía promueve una mirada crítica y responsable sobre el impacto y la integridad del estudio que se va a realizar.

Tabla 4.1. Herramienta para la aplicación de los criterios FINER al formular pregunta de investigación secundaria

Criterio	Subcriterios	Pregunta de Evaluación	Opciones de Respuesta
Factibilidad	1. Factibilidad	¿El plazo disponible permite la ejecución de la investigación?	☐ Sí, completamente ☐ No, el tiempo es insuficiente ☐ No está claro

	2. Recursos tecnológicos y conocimiento	¿Existe la tecnología y el conocimiento necesario para facilitar la ejecución de mi estudio?	☐ Sí, están disponibles y accesibles ☐ No, hay carencias importantes ☐ No está claro
	3. Viabilidad económica	¿Puedo pagarlo?	☐ Sí, el presupuesto está asegurado ☐ No, los costos superan los recursos disponibles ☐ No está claro
	4. Impacto y significancia	¿Mi estudio producirá el nivel deseado de impacto y significancia para la audiencia destinataria?	☐ Sí, claramente ☐ No, el impacto sería limitado ☐ No está claro
	5. Acceso a participantes	¿Hay suficiente acceso al grupo deseado o un número adecuado de participantes para garantizar la obtención de resultados fiables?	☐ Sí, el acceso está garantizado ☐ No, el acceso es limitado o incierto ☐ No está claro
Interés	-	¿La pregunta es interesante para mí como persona que investiga o para mis colaboradores?	☐ Sí ☐ No ☐ No está claro
		¿Existe la motivación para hacerlo interesante?	☐ Sí ☐ No ☐ No está claro
Novedad	-	¿Se han identificado estudios similares a través de la búsqueda de la literatura?	☐ Sí ☐ No ☐ No está claro
		¿Se ha descrito claramente la metodología utilizada?	☐ Sí ☐ No ☐ No está claro
Ético	-	¿La propuesta de investigación amerita ser Evaluada por un Comité Ético de Investigación?	☐ Sí ☐ No ☐ No está claro
		¿Se va a realizar el proceso?	☐ Sí ☐ No ☐ No está claro
Relevancia	-	¿El estudio aporta información útil para la toma de decisiones en salud?	☐ Sí ☐ No ☐ No está claro
		¿Los resultados pueden aplicarse en la práctica clínica?	☐ Sí ☐ No ☐ No está claro

Fuente: Adaptación de los criterios FINER

4.2. Pregunta PICO, PECOS, SPIDER

a. Marco para formulación de la Pregunta PICO

Los marcos de las preguntas en revisiones sistemáticas son variados y ellos responden al campo y tipo de la revisión sistemática; por ejemplo, uno de los más empleados para emprender revisiones sistemáticas sobre efectividad de intervenciones, ya sea en el campo clínico o en el campo del comportamiento humano, es el marco P.I.C.O que corresponde a un acrónimo en inglés que nos ayuda a formular correctamente la pregunta clínica y significa: *Patient or Problem, Intervention, Comparision and Outcomes.*

Específicamente, el elemento comparación es esencial en este tipo de búsquedas, ya que implica la inclusión de un grupo de control que permite observar las diferencias entre la intervención evaluada y una intervención rutinaria, placebo o la ausencia de intervención. En el ámbito de la psicología, esto podría ejemplificarse de la siguiente manera: un grupo de investigadores multidisciplinar está preocupado por la alta prevalencia de violencia en relaciones de pareja entre jóvenes universitarios. Se ha desarrollado un programa educativo basado en talleres grupales para promover relaciones saludables y prevenir conductas violentas. Sin embargo, varios integrantes dudan de su efectividad en comparación con las intervenciones tradicionales, como el asesoramiento individual. Se desea evaluar si este nuevo enfoque grupal tiene un mayor impacto.

Usando PICO, se puede identificar:

P = Patient or Problem - Jóvenes adultos (19-24 años) que han estado involucrados en relaciones de pareja con antecedentes de agresión psicológica o física

I = Intervention - Programa educativo grupal para la prevención de la violencia en relaciones de pareja

C = Comparison - Asesoramiento individual tradicional o ausencia de intervención

= Outcome - Reducción de conductas violentas y mejora en las habilidades de resolución de conflictos en las relaciones de pareja

La pregunta clínica basada en P.I.C.O sería "¿Son efectivos los programas educativos grupales comparados con (vs.) el asesoramiento individual o ninguna intervención, para reducir la violencia en relaciones de pareja entre jóvenes adultos con antecedentes de conductas violentas?"

Esta característica es común en diseños metodológicos como los ensayos controlados aleatorios (ECA), ensayos controlados cuasi aleatorios, ensayos controlados por conglomerados. Habrá momentos donde resulte muy difícil conseguir en los estudios de intervención el elemento C = comparación es por ello que se puede planear una diversificación del marco P.I.C.O simplificando el formato para convertirlo en P.I.O (P = población | I = intervención | O = resultado) y esto es posible porque no todos los estudios clínicos o de salud pública que evalúan intervenciones necesitan una comparación. Por lo tanto, el desafío para elaborar bien la pregunta se encuentra en entender si realmente existe en la evidencia o en la práctica otra intervención que pueda servir de comparación con la que nos interesa para la revisión sistemática.

Lo importante es que las variaciones o extensiones que se han realizado al marco original P.I.C.O han sido usadas para abordar la complejidad de los estudios de intervención y sus efectos en la población (Anderson et al., 2013; Robinson et al., 2011; Sánchez-Martín et al., 2023). Los elementos omitidos o adicionados han servido para abordar factores contextuales que benefician la precisión, así como los mecanismos de búsqueda y recuperación de la evidencia.

Variantes adicionales:

PICOC = Población, Intervención, Comparación, Resultado, Contexto.

PICOS = Población, Intervención, Comparación, Resultado, Tipo de Estudio.

PICOT = Población, Intervención, Comparación, Resultado, Tiempo.

PICOTS = Población, Intervención, Comparación, Resultado, Tiempo, Entorno Físico.

PICOTT = Población, Intervención, Comparación, Resultado, Tipo de pregunta, Tipo de estudio.

Un aspecto relevante del marco PICO es que más allá de su uso tradicional, para formular preguntas clínicas, en la actualidad si existen herramientas para la integración de los procesos de búsqueda automatizada. Su estudio y desarrollo ha permitido la integración tecnológica en diversas etapas del proceso de revisión sistemática. Además de facilitar la recuperación de estudios, herramientas como PICO Portal (Minion et al., 2021), Rayyan y otras plataformas digitales ofrecen funcionalidades integradas para: Evaluar el cribado de títulos y resúmenes, revisar texto completo, evaluar el riesgo de sesgo y exportar diagramas PRISMA 2020 automáticamente.

Una de las principales dificultades al realizar una revisión sistemática de estudios de intervención es identificar el elemento comparativo de la intervención (Frandsen et al.,

2020), lo cual puede limitar significativamente los procesos de búsqueda y recuperación de evidencia en bases de datos como PubMed. Para superar este desafío, diversas investigaciones han incorporado herramientas basadas en procesamiento del lenguaje natural (NLP) y aprendizaje automático (Wang et al., 2022). Estas tecnologías permiten extraer automáticamente los elementos PICO de los artículos científicos, acelerando de forma considerable el proceso de revisión. Por ejemplo, modelos como BERT, entrenados con resúmenes de PubMed, han alcanzado altos puntajes F1 en tareas de clasificación de oraciones y reconocimiento de entidades PICO.

b. Marco para formulación de la Pregunta PECO

En el caso de no haber identificado ninguna intervención para la revisión sistemática y lo que se desea es analizar un suceso o evento no intencional podemos plantear nuestro estudio con el marco PECOS. Generalmente este tipo de pregunta explora la asociación entre la exposición ambiental y de otro tipo con los resultados de salud. Un ejemplo de exposición y su análisis con la pregunta PECOS puede ser el siguiente:

P (Población): Jóvenes adultos (19-24 años) que han estado involucrados en relaciones de pareja

E (Exposición): Antecedentes de violencia en el noviazgo (psicológica, física o ambas)

C (Comparación): Jóvenes adultos sin antecedentes de violencia en relaciones de pareja

O (Outcome - Resultado): Presencia de conductas violentas y dificultades en la resolución de conflictos en relaciones posteriores

S (Study design - Diseño del estudio): Estudios observacionales (cohortes, casos y controles, estudios transversales)

Al formular la pregunta para realizar la revisión sistemática sería: De acuerdo con la evidencia científica disponible ¿Cuál es la asociación entre la exposición a la violencia en el noviazgo y la aparición de conductas violentas o dificultades en la resolución de conflictos en relaciones posteriores entre jóvenes adultos, en comparación con aquellos sin antecedentes de violencia en relaciones de pareja?

c. Marco para la pregunta SPIDER

Se ocupa exclusivamente en la recuperación, análisis, integración e interpretación de fenómenos a gran escala a partir de estudios cualitativos publicados en artículos científicos. Este enfoque sigue una orientación metodológica y teórica clara, basada en paradigmas como la teoría fundamentada, el análisis del discurso, la etnografía, la fenomenología o el análisis de contenido (Amir-Behghadami, 2024).

En estos casos, se trabaja con el artículo completo como unidad de análisis, con el objetivo de generar una interpretación nueva e integradora de los hallazgos. No se considera simplemente exponer los resultados individuales de cada investigación incluida. Se trata de un estudio en profundidad de cada trabajo que compone la revisión, lo que generalmente implica trabajar con una cantidad menor de artículos/unidades en comparación con otras revisiones sistemáticas.

Las metasíntesis cualitativas tienen la capacidad de derivar en un conocimiento más amplio que pretende identificar patrones de comunalidad, diferencias o similitudes entre estudios, e incluso generar generalizaciones conceptuales útiles para la práctica y la teoría. En este tipo de estudios resulta ideal formular la pregunta de investigación con el uso del marco SPIDER ya que permite optimizar la búsqueda y recuperación de estudios cualitativos relevantes.

El acrónimo SPIDER significa:

Sample (Muestra): El grupo poblacional participante en el estudio.

Phenomenon of Interest (Fenómeno de Interés): Se sitúa generalmente en el tópico de la investigación, por ejemplo: Necesidades, demandas de servicios de salud, de la atención especializada, factores psicosociales, forma de realizar el diagnóstico, la terapia o la intervención implementada. Es comparable a la intervención en PICO y a la exposición en PECOS.

Design (Diseño): Se refiere específicamente a la técnica de investigación empleada en el estudio cualitativo para la recolección de los datos por ejemplo entrevistas semiestructuradas, grupos focales, observaciones como videos, fotografías, etc.

Evaluation (Evaluación): El fenómeno de interés se refiere a la percepción, la experiencia vivida, la comprensión en profundidad de una cultura, prácticas o significados compartidos de un grupo en su contexto natural o a la generación de una teoría explicativa sobre procesos, acciones o interacciones sociales, basada en los datos cualitativos recolectados. En esencia responde al cómo y por qué de los comportamientos y las experiencias.

Research type (Tipo de estudio): Deben responder estrictamente a los diseños de investigaciones generados en el paradigma cualitativo; es decir, la fenomenología, la etnografía, el análisis de contenido, teoría fundamentada, hermenéutica, estudios de caso.

El marco SPIDER destaca como una herramienta útil para formular términos de búsqueda de manera específica y coherente con los elementos clave de una pregunta de investigación cualitativa. Esta estructura permite optimizar la identificación de estudios relevantes, siempre que se utilicen términos y palabras clave de forma equilibrada. Por ejemplo, se recomienda incluir conceptos relacionados con la investigación cualitativa, pero sin restringir en exceso la búsqueda con términos demasiado específicos como "investigación cualitativa" o nombres de enfoques particulares, por ejemplo, "teoría fundamentada", para así maximizar la recuperación de evidencia pertinente (Amir-Behghadami, 2024; Sánchez-Martín et al., 2023).

4.3. Objetivos

Como se mencionó anteriormente, la pregunta y los objetivos derivados de esta, deben ser estructurados utilizando marcos estandarizados que permitan garantizar alcance y claridad. Para esto emplear como guías las preguntas, PICO (P: Study population or participants; I: Intervention; C: Comparison; and O: the expected Outcome or effect of the intervention), PECO (Population, Exposure, Comparison, O-result) o SPIDER (Sample-sample, PI-Phenomenon of Interest- phenomenon of interest, Design-design, Evaluation- evaluation and Research type or type of investigation) de las que se habló previamente es de gran ayuda y se utilizan dependiendo del contexto y necesidades del estudio.

Los objetivos son los que determinan la naturaleza de la síntesis que se hará tanto en una revisión sistemática como en un metaanálisis, y deben ser planteados a priori. En este sentido, hacer su registro en plataformas como PROSPERO al momento de iniciar la búsqueda de información, de manera explícita y pública, evita prácticas poco éticas como el data dredging, p-hacking o selección de datos prometedores y manipulación estadística para encontrar patrones que se presenten como significativos generando sesgos de publicación, ya que podría ocurrir que de manera consciente o inconsciente los investigadores adapten sus objetivos a los resultados disponibles (Moreau and Wiebels, 2024; Norman, 2014; Vighnesh, 2021).

Un buen objetivo debería ser claro, puntual, evitando cualquier ambigüedad; adicionalmente debería centrarse en un solo indicador principal o outcome de manera que no tengan resultados confusos (Higgins et al., 2024). Desde este planteamiento, pues, entre los objetivos de los metaanálisis suelen estar aquellos orientados a:

- Evaluar la eficacia o efectividad de una intervención o escala
- Establecer la seguridad y daños existentes ante la exposición a alguna situación o compuesto
- Sintetizar la prevalencia o incidencia de una determinada condición

4.4. Criterios de Elegibilidad

Una vez que se han establecido la pregunta de investigación y los objetivos, el investigador o equipo de investigación debe determinar de manera explícita un conjunto de reglas: los criterios de elegibilidad (Higgins et al., 2024; Tawfik et al., 2019; Zaccagnini and Li, 2023). Los criterios de elegibilidad, más conocidos como criterios de inclusión y exclusión, son uno de los pilares metodológicos más importantes cuando se elabora una revisión sistemática o metaanálisis, puesto a que son los que definen qué estudios se van a considerar relevantes para responder a la pregunta de investigación y evitar sesgos (Nabzo and Fau, 2020; Escrig Sos et al., 2021).

Criterios de inclusión esenciales

Los criterios de inclusión permiten delimitar claramente qué estudios serán considerados elegibles para formar parte de una revisión sistemática o metaanálisis. Por este motivo, deben ser definidos de manera precisa, explícita y justificada y alinearse totalmente a la pregunta de investigación, ya sea esta derivada de los modelos PICO, PECOS o SPIDER (Quispe et al., 2021; Tawfik et al., 2019). A continuación, se detallan los elementos más relevantes (Borenstein et al., 2009; Higgins et al., 2024; Horsley et al., 2009; Marie Yayen et al., 2024; Moher et al., 2009; O'Connor et al., 2008):

- ***Tipo de estudios:*** Se debe determinar qué tipo de estudio será incluido (ensayos clínicos, estudios observacionales, etc.) ya que en función de ello serán diferentes los datos a comparar. Asimismo, la elección del tipo de estudio a incluir depende del diseño más adecuado para responder la pregunta de investigación. Por ejemplo, los ensayos clínicos aleatorizados (RCTs) son el estándar de oro dentro del campo médico para evaluar intervenciones, mientras que los estudios de cohortes o caso-control son más apropiados para evaluar asociaciones entre exposiciones y desenlaces.

Según la pregunta de investigación pueden incluirse (Zaccagnini and Li, 2023):

- *Ensayos clínicos aleatorizados (RCTs):* permiten evaluar intervenciones terapéuticas ya que permiten minimizar los sesgos de asignación.
- *Estudios de cohortes y caso-control:* facilitan el análisis de factores de riesgo y exposiciones donde no es posible contar con ensayos clínicos aleatorizados.

- *Estudios transversales o series de casos:* su uso ante la ausencia de evidencia permite tener datos a priori.
- *Diseño metodológico:* El diseño permite garantizar la validez interna del estudio y minimizar el riesgo de sesgo. Por ejemplo, los estudios con asignación aleatoria, enmascaramiento y seguimiento completo son preferibles, pero dependiendo de la pregunta de investigación puede tenerse mayor o menor rigidez en este criterio (determinar si se admitirán estudios doble ciego, cohorte, caso-control, etc.).
- *Año de publicación y vigencia científica:* Se debe limitar la búsqueda a un periodo específico de tiempo, que podría o no justificarse; por ejemplo, a partir de algún hito histórico como ser una pandemia, guerra, algún descubrimiento importante o avance tecnológico
- *Idioma del artículo:* Si bien sería ideal incluir estudios en todos los idiomas para evitar sesgos de publicación, esto no siempre es posible, tanto por la dificultad para acceder a ellos como al dominio del idioma por parte de quienes realizan el metaanálisis
- *Cobertura geográfica y población objetivo:* dependiendo del tipo de estudio se puede delimitar una región específica que permita responder a preguntas de contexto sociocultural, políticas públicas o características poblacionales puntuales.
- *Duración del seguimiento o intervención:* Principalmente cuando se trata de estudios longitudinales o ensayos clínicos, es importante que los efectos estimados sean robustos y comparables. Por este motivo se puede establecer una duración mínima de la intervención o tiempo de seguimiento. En el caso de intervenciones breves por ejemplo para estudiar efectos agudos del tratamiento podría tomarse en cuenta 4 semanas, pero si se desean ver efectos sostenidos en el tiempo podría ser más oportunos tomar estudios cuya duración haya sido por lo menos de 3 a seis meses.
- *Calidad metodológica mínima requerida:* Puesto que no todos los estudios tienen la misma calidad, es importante evaluar con herramientas estandarizadas a los estudios candidatos tomando en cuenta la claridad de sus objetivos y diseño, adecuación de la muestra y la asignación de variables, validez de los instrumentos, control de sesgos, completitud de los datos, rigurosidad de los análisis estadísticos y la transparencia en la forma de reportar los resultados. Para ello se pueden emplear algunas herramientas como ser la Escala de Jadad para ensayos clínicos aleatorizados, la *Newcastle-Ottawa Scale* para estudios

observacionales, la ROBINS-I en caso de estudios no aleatorizados, la MSTAR-2 para revisiones sistemáticas o el *Critical Appraisal Skills Programme* para estudios cualitativos (Cascaes da Silva et al., 2013; Casy et al., 2022; Lo et al., 2014; Shea et al., 2017; Sterne et al., 2016).

4.5. Criterios de exclusión

Es importante poder saber de manera clara qué estudios deben descartarse y por qué, ya que esto refuerza la transparencia, facilita la replicabilidad y permite auditar el proceso. En este sentido es importante descartar estudios que cumplan con las siguientes características (Higgins et al., 2024; Marie Yayen et al., 2024):

Estudios duplicados ya sea porque un mismo artículo está contenido en distintas bases de datos o los mismos datos de un estudio están reportados en varias publicaciones, incluso cuando se trata de prácticas como el salami slicing ya que incluir estos duplicados viola el supuesto de independencia de las unidades de análisis inflando artificialmente el tamaño muestral y por tanto la precisión del estudio sesgando el estudio en favor de los datos repetidos (Avanzas, et al, 2011) Para evitar este hecho es importante revisar los nombres de autores, centros de estudio, fechas de reclutamiento y características de la población (Page et al., 2021) .

Estudios con *datos incompletos o de baja calidad* ya que hay un alto riesgo de sesgos ya sea por: falta de enmascaramiento, aleatorización deficiente (sobre todo en estudios clínicos) o cuando se reportan pérdidas de seguimiento superiores al 20% (estudios clínicos). También es importante estar seguros de que cada estudio incluido reporte los datos estadísticos necesarios para el cálculo del tamaño del efecto; si los datos no estuvieran reportados en la publicación, debe hacerse el intento de contactar a los autores y solicitar la información faltante, de no poder conseguirse será necesario excluirlo (Borenstein et al., 2009)

Publicaciones tipo revisiones narrativas, cartas al editor, editoriales, resúmenes de conferencias, reportes de casos, etc. Ya que carecen de elementos metodológicos necesarios como ser aleatorización o grupos de comparación y, si se analizan conjuntamente a estudios controlados y aleatorizados reduciría la calidad de la información introduciendo sesgos. Por este motivo es importante que la selección del diseño de los estudios a ser incorporados en la revisión se alinee directamente con la pregunta de investigación (Borenstein et al., 2009; Higgins et al., 2024).

Estudios con poblaciones diferentes a las especificadas en la pregunta de investigación o que no cumplen los criterios necesarios; por ejemplo, en estudios clínicos no se deben incluir aquellos con pacientes que tienen un diagnóstico no comparable entre sí o si el protocolo especifica que se analizarán los datos de población adulta deberían descartarse los niños y adultos. Este criterio permite asegurar que el resultado combinado del metaanálisis se pueda interpretar siendo datos "comparables entre sí" tanto a nivel matemático como a nivel conceptual (Page et al., 2021; Schardt et al., 2007).

4.6. Diseño de selección

Para garantizar una selección buena, eficaz y reproducible, se recomienda seguir estos pasos:

1. *Registro previo del protocolo:* publicar criterios y métodos en PROSPERO (International Prospective Register of Systematic Reviews) u otro repositorio antes de iniciar la búsqueda evita cambios post-hoc y sesgos de publicación (Booth et al., 2011).
2. *Estrategia de búsqueda exhaustiva:* combinar términos MeSH y texto libre en bases como PubMed, Embase, Cochrane Library, Scopus además de tomar en cuenta la literatura gris para disminuir el sesgo de publicación (Hopewell et al., 2007; Marie Yayen et al., 2024).
3. *Selección por títulos y resúmenes:* al menos dos revisores independientes aplican los criterios de inclusión/exclusión, registrando acuerdos y discrepancias llegando a calibrar la comprensión homogénea de los criterios evaluando un 10 % de los registros (Booth et al., 2016).
4. *Revisión de texto completo:* los mismos dos revisores deciden la inclusión final, con un tercero que resuelva desacuerdos.
5. *Diagrama PRISMA:* documenta el flujo de estudios identificados, evaluados e incluidos, y las razones de exclusión en cada etapa (Moher et al., 2009; Page et al., 2021).
6. *Evaluación de calidad:* emplear herramientas como Jadad, Newcastle–Ottawa Scale o Cochrane RoB Tool para estudios primarios; AMSTAR-2 o ROBIS para revisiones previas (Cascaes da Silva et al., 2013).

Emplear esta estrategia garantiza que la selección no dependa de juicios arbitrarios y sea replicable por otros equipos de investigación. Su adecuada formulación garantiza la rigurosidad, reproducibilidad y validez de los hallazgos, ya que cumplen las siguientes funciones (O'Connor et al., 2008):

- *Definen el alcance y la relevancia de la revisión:* ya que permiten delimitar qué evidencia será considerada asegurando que los estudios incluidos se alineen con los objetivos y la pregunta de investigación planteada.
- *Reducen el sesgo de selección:* Al establecer los criterios de inclusión y exclusión antes de revisar los estudios, se evita la selección sesgada de estudios que puedan favorecer ciertos resultados o conclusiones.
- *Aumentan la reproducibilidad:* Cuando se tienen los criterios claramente definidos, otros investigadores pueden replicar la revisión promoviendo así la transparencia científica.
- *Permiten homogeneidad en la muestra de estudios:* Esto brinda un análisis estadístico más robusto, ya que una mayor homogeneidad entre estudios (en términos de población, intervención, desenlace, etc.).
- *Mejoran la calidad del análisis y síntesis*: Si se elaboran bien, permiten excluir estudios con alto riesgo de sesgo, mal diseño o irrelevancia lo que fortalece la calidad de la evidencia sintetizada.
- *Facilitan la evaluación crítica:* Tener criterios claros ayuda a los revisores y lectores a juzgar si los estudios incluidos son adecuados para responder la pregunta de investigación.
- *Controlan la heterogeneidad:* Permiten reducir la variabilidad entre estudios, lo que es crucial para interpretar la consistencia de los resultados en un metaanálisis.
- *Favorecen la transparencia en el proceso de selección:* Proporcionan una guía clara para evaluar y justificar la inclusión o exclusión de cada estudio.

Usar listas de verificación como ser PRISMA-P para protocolos y PRISMA 2020 para reportes finales o Software de gestión tales como Rayyan o Covidence pueden reducir el tiempo de trabajo y facilitar el cribado y extracción de datos.

4.7. Fuentes documentales

Anderson, L. M., Petticrew, M., Rehfuess, E., Armstrong, R., Ueffing, E., Baker, P., ... and Tugwell, P. (2013). Using logic models to capture complexity in systematic reviews. *Research Synthesis Methods, 2*(1), 33–42. https://doi.org/10.1002/jrsm.32

Amir-Behghadami, M. (2024). SPIDER framework in qualitative evidence synthesis: A methodological guide. *Journal of Evidence-Based Medicine*, *17*(1), 1–8. https://doi.org/10.1111/jebm.12555

Avanzas, P., Bayés-Genís, A., Pérez de Isla, L., Sanchis, J., Heras, M., and Ferreira-González, I. (2011). Scientific publishing in biomedicine: The "salami slicing" of research. *Revista Española de Cardiología, 64*(1), 1–4. https://doi.org/10.1016/j.recesp.2010.10.001

Booth, A., Clarke, M., Dooley, G., Ghersi, D., Moher, D., Petticrew, M., and Stewart, L. (2011). The nuts and bolts of PROSPERO: An international prospective register of systematic reviews. *Systematic Reviews, 2*(4), 1–9. https://doi.org/10.1186/2046-4053-2-4

Booth, A., Clarke, M., Ghersi, D., Moher, D., Petticrew, M., Stewart, L., and Grimshaw, J. (2016). Establishing a minimum dataset for prospective registration of systematic reviews: An international consultation. *PLoS One, 11*(3), e0159149. https://doi.org/10.1371/journal.pone.0159149

Borenstein, M., Hedges, L. V., Higgins, J. P. T., and Rothstein, H. R. (2009). *Introduction to meta-analysis*. Wiley. https://doi.org/10.1002/9780470743386

Cascaes da Silva, F., Valdivia Arancibia, B. A., and Zaclikevis, V. R. (2013). Quality assessment tools for systematic reviews and meta-analyses: A systematic review. *International Journal of Evidence-Based Healthcare, 11*(4), 248–259. https://doi.org/10.1111/1744-1609.12034

Casy, L., White, H., and Pomeroy, V. (2022). Critical appraisal skills programme (CASP) checklists: A tool for evaluating research quality. *Journal of Clinical Nursing, 31*(1–2), 5–7. https://doi.org/10.1111/jocn.16001

Counsell, C. (1997). Formulating questions and locating primary studies for inclusion in systematic reviews. *Annals of Internal Medicine, 127*(5), 380–387. https://doi.org/10.7326/0003-4819-127-5-199709010-00008

Escrig Sos, J., Navarro, J. B., and Martínez, R. (2021). Inclusión y exclusión en revisiones sistemáticas: Retos y propuestas metodológicas. *Revista Española de Documentación Científica, 44*(2), 293. https://doi.org/10.3989/redc.2021.2.1782

Frandsen, T. F., Bruun Nielsen, M., Lindhardt, C. L., and Eriksen, M. B. (2020). Using the PICO model to support literature searches. *BMC Medical Research Methodology, 20*(173), 1–10. https://doi.org/10.1186/s12874-020-01121-0

Higgins, J. P. T., Thomas, J., Chandler, J., Cumpston, M., Li, T., Page, M. J., and Welch, V. A. (Eds.). (2024). *Cochrane handbook for systematic reviews of interventions* (3rd ed.). Wiley. https://doi.org/10.1002/9781119536604

Hopewell, S., Clarke, M., Lefebvre, C., and Scherer, R. (2007). Handsearching versus electronic searching to identify reports of randomized trials. *Cochrane Database of Systematic Reviews, 2007*(2), MR000001. https://doi.org/10.1002/14651858.MR000001.pub2

Horsley, T., Dingwall, O., and Sampson, M. (2009). Checking reference lists to find additional studies for systematic reviews. *Cochrane Database of Systematic Reviews, 2009*(1), MR000026. https://doi.org/10.1002/14651858.MR000026.pub2

Lo, C. K. L., Mertz, D., and Loeb, M. (2014). Newcastle-Ottawa Scale: Comparing reviewers' to authors' assessments. *BMC Medical Research Methodology, 14*(45), 1–5. https://doi.org/10.1186/1471-2288-14-45

Minion, J., Shamseer, L., and Moher, D. (2021). PICO Portal: An AI-driven platform for systematic reviews. *Systematic Reviews, 10*(24), 1–5. https://doi.org/10.1186/s13643-021-01628-9

Moher, D., Liberati, A., Tetzlaff, J., Altman, D. G., and PRISMA Group. (2009). Preferred reporting items for systematic reviews and meta-analyses: The PRISMA statement. *PLoS Medicine, 6*(7), e1000097. https://doi.org/10.1371/journal.pmed.1000097

Moreau, D., and Wiebels, K. (2024). Questionable research practices and meta-analysis: Risks and safeguards. *Meta-Psychology, 8*(1), 1–15. https://doi.org/10.15626/mp.2024.08

O'Connor, D., Green, S., and Higgins, J. P. T. (2008). Defining the review question and developing criteria for including studies. En J. P. T. Higgins and S. Green (Eds.), *Cochrane* perspective. *Journal of Evidence-Based Medicine, 13*(3), 150–157. https://doi.org/10.1111/jebm.12345

Norman, G. (2014). Data dredging, bias, or confounding. *Advances in Health Sciences Education, 19*(1), 1–3. https://doi.org/10.1007/s10459-013-9479-9

Page, M. J., McKenzie, J. E., Bossuyt, P. M., Boutron, I., Hoffmann, T. C., Mulrow, C. D., ... Moher, D. (2021). *The PRISMA 2020 statement: An updated guideline for reporting systematic reviews. BMJ,* 372, n71. https://doi.org/10.1136/bmj.n71

Quispe, J. C., Méndez, F., and Poma, R. (2021). Inclusión y exclusión de estudios en revisiones sistemáticas: Lecciones desde la práctica. *Revista Peruana de Medicina Experimental y Salud Pública, 38*(2), 256–262. https://doi.org/10.17843/rpmesp.2021.382.6550

Robinson, K. A., Saldanha, I. J., and McKoy, N. A. (2011). Development of a framework to identify research gaps from systematic reviews. *Journal of Clinical Epidemiology, 64*(12), 1325–1330. https://doi.org/10.1016/j.jclinepi.2011.06.009

Sánchez-Martín, F. J., López-Pardo, A., and Pérez, M. (2023). Extensiones del marco PICO en revisiones sistemáticas: Aplicaciones en ciencias de la salud. *Gaceta Sanitaria, 37*(5), 401–407. https://doi.org/10.1016/j.gaceta.2022.08.005

Schardt, C., Adams, M. B., Owens, T., Keitz, S., and Fontelo, P. (2007). Utilization of the PICO framework to improve searching PubMed for clinical questions. *BMC Medical Informatics and Decision Making, 7*(16), 1–6. https://doi.org/10.1186/1472-6947-7-16

Shea, B. J., Reeves, B. C., Wells, G., Thuku, M., Hamel, C., Moran, J., ... and Henry, D. A. (2017). AMSTAR 2: A critical appraisal tool for systematic reviews that include randomized or non-randomized studies of healthcare interventions, or both. *BMJ, 358*, j4008. https://doi.org/10.1136/bmj.j4008

Sterne, J. A. C., Hernán, M. A., Reeves, B. C., Savović, J., Berkman, N. D., Viswanathan, M., ... and Higgins, J. P. T. (2016). ROBINS-I: A tool for assessing risk of bias in non-randomised studies of interventions. *BMJ, 355,* i4919. https://doi.org/10.1136/bmj.i4919

Tawfik, G. M., Dila, K. A. S., Mohamed, M. Y. F., Tam, D. N. H., Kien, N. D., Ahmed, A. M., ... and Huy, N. T. (2019). A step-by-step guide for conducting a systematic review and meta-analysis with simulation data. *Tropical Medicine and Health, 47*(46), 1–9. https://doi.org/10.1186/s41182-019-0165-6

Vighnesh, S. (2021). Data dredging and p-hacking in contemporary research: A cautionary review. *Journal of Research Integrity, 15*(2), 77–89. https://doi.org/10.1007/s11948-021-00300-y

Wang, Q., Li, F., Pan, Y., and Liu, S. (2022). Automatic extraction of PICO elements from biomedical literature using BERT models. *Journal of Biomedical Informatics, 127*, 103994. https://doi.org/10.1016/j.jbi.2022.103994

Zaccagnini, J., and Li, S. (2023). Eligibility criteria in systematic reviews and meta-analyses: Guidance for researchers. *Systematic Reviews, 12*(85), 1–9. https://doi.org/10.1186/s13643-023-02015-7

CAPÍTULO 5

Capítulo 5

Estrategias de Búsqueda

Luis Burgos-Benavides
Personal Docente Investigador, Universidad de Oviedo, Facultad de Psicología
Investigador del Centro de Investigación, Desarrollo e Innovación Educativa del Principado de Asturias (CIDIPA)
burgosluis@uniovi.es
https://orcid.org/0000-0002-1364-8995

Alhena L. Alfaro-Urquiola
Universidad de Oviedo, España
agathalhe@gmail.com
UO298006@uniovi.es
https://orcid.org/0000-0002-9660-0320

Resumen

El quinto capítulo examina la relación entre la investigación interdisciplinar y la generación de conocimiento útil para afrontar los retos contemporáneos en la educación superior y en la sociedad del conocimiento. Se contextualiza en un escenario caracterizado por la complejidad, la globalización y la necesidad de respuestas colaborativas ante problemas que trascienden las fronteras disciplinares. El objetivo del capítulo es demostrar que la investigación interdisciplinar no solo enriquece la producción científica, sino que también facilita la innovación, la transferencia y el compromiso social de las universidades. Su importancia radica en que visibiliza cómo el trabajo conjunto entre distintas áreas de conocimiento abre nuevas posibilidades de análisis y solución en temas como sostenibilidad, inclusión y digitalización. Los contenidos incluyen una revisión de enfoques metodológicos interdisciplinares, ejemplos de proyectos colaborativos y el papel de las redes académicas internacionales en la creación de comunidades de práctica. El capítulo concluye destacando que solo una investigación abierta, flexible y orientada a la cooperación permitirá a las instituciones educativas contribuir eficazmente a la transformación social, económica y cultural del siglo XXI.

Palabras clave: investigación interdisciplinar, sostenibilidad, inclusión, redes académicas, transferencia

Abstract

The fifth chapter examines the relationship between interdisciplinary research and the generation of useful knowledge to address contemporary challenges in higher education and the knowledge society. It is contextualized in a scenario marked by complexity, globalization, and the need for collaborative responses to problems that transcend disciplinary boundaries. The chapter's objective is to demonstrate that interdisciplinary research not only enriches scientific production but also facilitates innovation, transfer, and the social engagement of universities. Its importance lies in showing how joint work across different fields of knowledge opens new possibilities for analysis and solutions in areas such as sustainability, inclusion, and digitalization. The contents include a review of interdisciplinary methodological approaches, examples of collaborative projects, and the role of international academic networks in building communities of practice. The chapter concludes by highlighting that only open, flexible, and cooperative research will enable educational institutions to effectively contribute to the social, economic, and cultural transformation of the twenty-first century.

Keywords: interdisciplinary research, sustainability, inclusion, academic networks, knowledge transfer

5.1. Contextualización

Este capítulo desarrolla un componente central de la Fase II: Fundamentación, detallando los procedimientos para llevar a cabo el trabajo de campo documental al desarrollar una revisión sistemática, que debería tener en cuenta para empezar a orientar la ruta de navegación hacia un horizonte prometedor. Sin embargo, el hecho de llegar hasta este punto no garantiza que los navegantes hacia el mundo de las revisiones sistemáticas se encuentren libres de corrientes, mareas y tormentas. De hecho, los nuevos derroteros se empezarán a enfrentar a sistemas que permitan optimizar las rutas. Para ello, es de fundamental interés el diseño de una estrategia de búsqueda que oriente la mejor ruta para cumplir los objetivos y responder a la pregunta de investigación propuesta.

La estrategia de búsqueda se encuentra conformada por varias herramientas como las palabras clave, descriptores, operadores booleanos, truncamientos que abordaremos durante este capítulo. Pese a que no es la primera aproximación, pues durante la fase exploratoria de una revisión sistemática el investigador ha tenido que hacer un esfuerzo para diseñar la estrategia que le permitió fundamentar el desarrollo de la idea, la pregunta y los objetivos.

Durante este capítulo encontrarán detalles sobre la nominalización, que es un procedimiento que permite condensar una acción o cualidad que puede ser abstracta o compleja, en una palabra. En la ciencia las palabras y los patrones semánticos típicos han ayudado a que el lenguaje científico pueda definir en términos específicos fenómenos como equilibrio químico, solubilidad, reacción química, electrones y varias palabras del lenguaje cotidiano que pueden tener usos específicos en la ciencia como calor, fuerza, energía, trabajo.

En la Grecia antigua, Platón y Aristóteles utilizaron la nominalización para crear conceptos complejos usando términos únicos. Posiblemente muchas de estas palabras eran inventadas a partir de raíces griegas para nombrar sistemas como la democracia, o situaciones éticas y pensamiento complejo como la lógica.

En la Edad Media, Tomas de Aquino creaba conceptos teológicos y filosóficos y los empaquetaba en palabras, pero fue en el renacimiento y la ilustración donde la ciencia y la filosofía aumentaron la tendencia a inventar palabras técnicas para categorizar a las ideas. Actualmente la creación de un concepto en una sola palabra clave depende muchas disciplinas científicas, por ejemplo, en psicología se puede encontrar palabras como trauma, violencia o bienestar y salud.

A lo largo de este capítulo los lectores se sumergirán "en derrota" para identificar el sistema de cartas náuticas, que le permitan crear una compleja ecuación de búsqueda que en tiempo real le permita empezar a conocer la realidad de su problema y objetivo de investigación.

5.2. Herramientas

El diseño de la estrategia de búsqueda es uno de los mecanismos que sirven para garantizar el procedimiento metodológico y la calidad de una revisión sistemática siendo un punto clave para la validez y confiabilidad de los resultados informados por la revisión. Un adecuado diseño de la estrategia de búsqueda va a minimizar el error y reducirá el sesgo de exclusión. La estrategia de búsqueda se encuentra representada por una ecuación (("Px + B" OR Lx) AND (Ex* NEAR/5 Bx*)) conformada por paréntesis, conjuntos, palabras clave o descriptores, truncamientos y operadores booleanos. Su principal función es la recuperación de los estudios que van a servir para responder a la pregunta de investigación y cumplir con el objetivo, además de evitar el ruido ocasionado por estudios que no se adecuen a los criterios de elegibilidad de la revisión sistemática.

Por lo tanto, en el desarrollo de una revisión sistemática se debe tener claro que la ecuación de búsqueda no está libre de error; de hecho, podríamos compararlo con el error de medida (diferencia entre el valor observado y el valor verdadero o real de una variable). En la ecuación de búsqueda el error afecta a todo el procedimiento de la revisión sistemática y sería la diferencia entre el número de estudios que la ecuación permite recuperar y el número verdadero de estudios existentes.

El error tipo I (α) ocurre cuando se rechaza la hipótesis nula (Ho) pese a que esta era verdadera. Es común que en los análisis estadísticos se asuma que la probabilidad de cometer este error es del 5%. En cambio, el error tipo II (β) ocurre cuando no se rechaza la hipótesis nula (Ho) aun cuando esta es falsa. La probabilidad de que ocurra este error es el poder estadístico (1- β). Al ser la estrategia de búsqueda una ecuación representando por variables no se encuentra libre de error; de hecho, los investigadores deben contemplar y asumir el error e intentar minimizar el efecto que puede tener en la revisión sistemática.

Tabla 5.1. Resumen de Error Tipo I y II

Error	Acción	Hipótesis real	Decisión	En la revisión
Error tipo I (α)	Rechaza (H_o) siendo verdadera	(H_o) es verdadera	Rechazar (H_o)	Rechaza la ecuación siendo precisa
Error tipo II (β)	No rechaza (H_o) siendo falsa	(H_o) es falsa	No rechazar (H_o)	No rechaza la ecuación siendo imprecisa

El error aumenta cuando la construcción de búsqueda contiene palabras o descriptores que incrementan el ruido mediante la incorporación de estudios fuera del foco de interés. Por lo tanto, es necesario tener claro que el diseño de una ecuación de búsqueda equivale a un diseño refinado que se construye a base de palabras y descriptores que van a constituir la nueva ecuación de será ejecutada en los distintos motores de búsqueda de las bases de datos.

Los métodos tradicionales de desarrollo y ejecución de una estrategia de búsqueda requieren por lo menos 100 horas o incluso más (Bramer et al., 2018). Aunque, actualmente existe una serie de literatura que se ha centrado en proporcionar recomendaciones para el proceso de búsqueda (Bramer et al., 2017; Caldwell and Bennett, 2020; Leem et al., 2024; Prill et al., 2021; Radhakrishnan et al., 2017; Rethlefsen et al., 2021), la realidad es que la descripción completa de este procedimiento sigue siendo uno de los desafíos actuales. En los capítulos iniciales se había mencionado que la revisión sistemática surge de la idea, que posteriormente necesita ser contrastada con una fase exploratoria que va a marcar la pregunta y los objetivos de una revisión sistemática; por lo tanto, nos encontramos en un momento clave, ya que la complejidad radica en la bidireccionalidad del procedimiento.

En la Figura 5.1. se puede observar la bidireccionalidad entre la fase exploratoria y la estrategia de búsqueda, es decir, para acceder a la exploración de los estudios que van a fundamentar la idea el investigador debe tener las herramientas para construir una adecuada estrategia de búsqueda. Es probable que durante la fase exploratoria el investigador decida actualizar la idea de revisión, ya sea porque se ha dado cuenta que existe una revisión reciente y no está justificado su actualización, la cantidad de estudios en la temática no son suficientes para la revisión o ha detectado futuras líneas de revisión que necesitan ser abordadas con urgencia. Pese a que esto suele ser más común en investigadores noveles o con poca experiencia en una determinada línea de investigación, también puede ocurrir con investigadores de dilatada trayectoria.

En la fase exploratoria (Ver capítulo 3) es fundamental que se comprueba la existencia de revisiones similares o revisiones en que se encuentren en desarrollo. Una de las estrategias más utilizadas es la meta-revisión o revisión paraguas (revisión de revisiones sistemáticas). No se debería seguir adelante sin haber comprobado las plataformas de registro de los protocolos de revisiones sistemáticas como Prospero o Cochrane. Además, durante esta fase es importante llevar a cabo un análisis bibliométrico que visibilice el alcance de la temática. Estas estrategias son claves sustanciales que afectan a las decisiones siguientes.

Una vez se ha comprobado rigurosamente y se ha encontrado evidencia que justifica el desarrollo de una revisión sistemática. El investigador debe decidir el tipo de revisión sistemática a desarrollar (Ver capítulo 3), formular la pregunta de investigación y establecer minuciosamente los criterios de elegibilidad (Ver capítulo 4) y registrar la revisión sistemática (Capítulo 3).

Figura 5.1. Diagrama explicativo de la bidireccionalidad de las revisiones sistemáticas

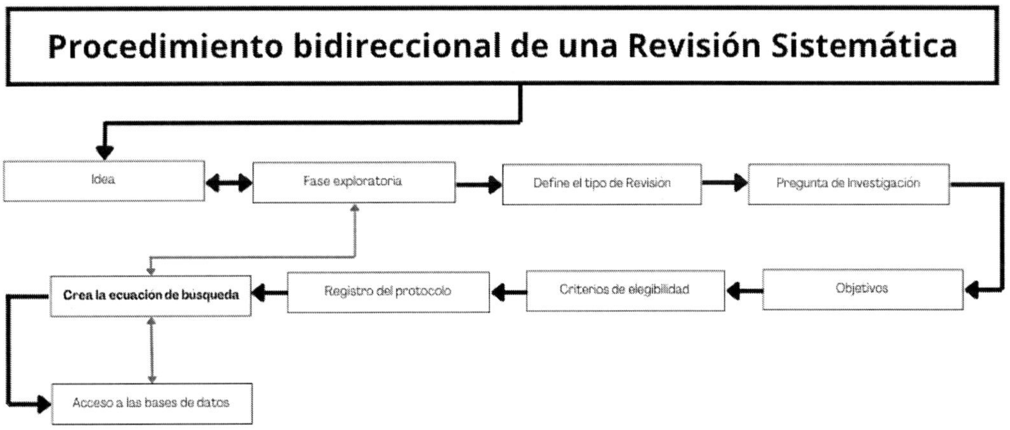

Para contrastar la idea en la fase exploratoria el investigador ha tenido que crear una ecuación de búsqueda que estará conformada por palabras clave, descriptores, operadores booleanos y truncamientos. Posteriormente ha tenido que ingresar a las bases de datos, bases de registro de protocolos como Prospero y Cochrane, donde ha identificado y analizado las revisiones sistemáticas y metaanálisis y, una vez que encontrada evidencia suficiente para poner en marcha su idea, ha de seleccionar el tipo de revisión que va a llevar a cabo.

A continuación, deberá definir el problema, plantear los objetivos, definir los criterios de elegibilidad y paralelamente a esto registrar el protocolo en Prospero o Cochrane. El paso siguiente tendría que ver ya con la puesta en marcha del método de una revisión sistemática. Si bien, es cierto que la fase exploratoria sirvió para que se pueda refinar la ecuación de búsqueda a continuación se describen una serie de herramientas para facilitar la construcción de esta ecuación.

5.3. Control de vocabulario

Descriptores MesH

La solidez del lenguaje controlado o estandarizado mejora la precisión y facilita la recuperación eficiente de información de los distintos ámbitos del conocimiento. Históricamente este vocabulario ha dependido de la indexación de términos en el Medical Subject Heading (MeSH). Las MeSH representan un vocabulario o lenguaje controlado curado por expertos de la Biblioteca Nacional de Medicina (NLM, por sus siglas en inglés). Esto ha facilitado que investigadores del área biomédica puedan aplicar y descubrir el conocimiento (Xun et al., 2019). En los últimos años es cada vez más común encontrar indexado el vocabulario de Ciencias Sociales. La indexación de los términos MeSH es realizada manualmente por expertos humanos quienes tienen que revisar el texto completo de cada artículo y asignar términos adecuados. Actualmente, con los avances del aprendizaje automatizado, se ha propuesto un marco innovador (MeSHProbeNet) que ha demostrado un potencial significativo para automatizar la indexación de términos MeSH con alta precisión, mejorando así la eficiencia en la curación de la literatura (Sivakumar and Sivakumar, 2025).

Los investigadores interesados en conocer este procedimiento recomendamos la lectura de Xun et al. (2019). Esta demuestra, mediante la red neuronal de la Figura 5.2., que el MeSHProbeNet es capaz de predecir términos MeSH para un artículo basándose en el contenido textual e información de la revista. Esta red consta de tres componentes principales. El primero es un RNN bidireccional para el contenido textual de los artículos. El segundo es un conjunto de sondas MeSH de autoatención que se encarga de extraer la información útil de los estados ocultos de RNN y convertir los artículos de varias longitudes en matrices de una dimensión fija. El tercer componente es un clasificador neuronal de vista múltiple que combina la información textual extraída con la información de la revista y genera un conjunto de términos MeSH relevantes (Xun et al., 2019)

Figura 5.2. Red neuronal profunda del trabajo de MeSHprobeNet

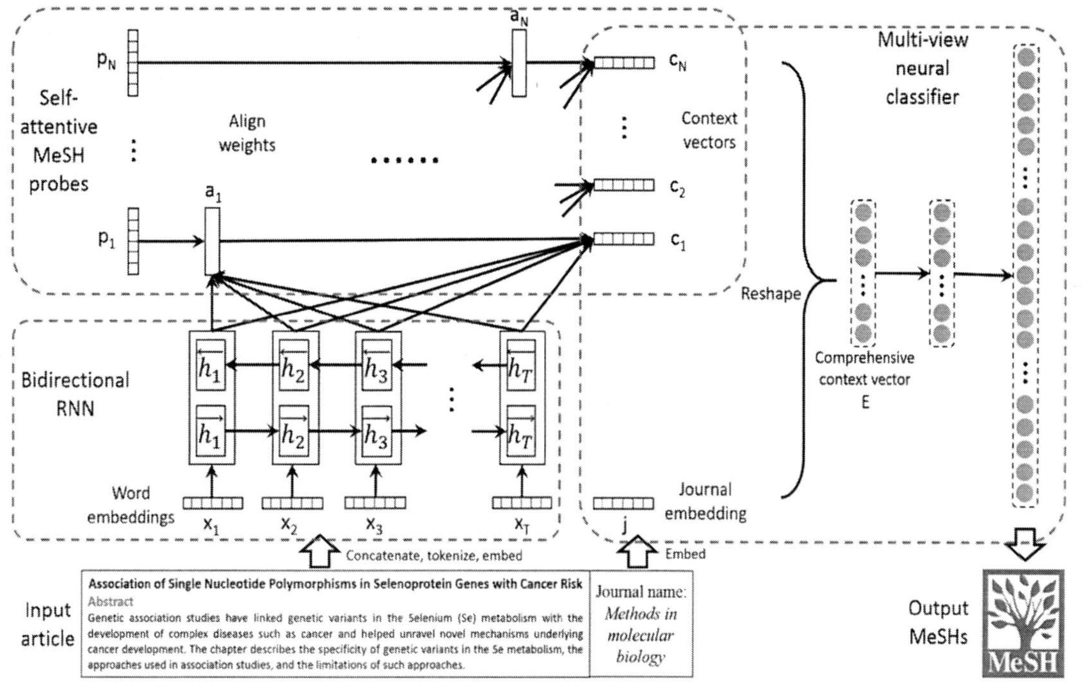

Nota. Gráfico tomado del estudio de Xun et al. (2019)

Para acceder a los términos MeSH los investigadores deben seguir la ruta descrita a continuación.

1. Ingresar a la base de datos de PubMed.
2. Dirigirse a explorar e ingresar al MeSH Data base.
3. Identifique las todas las categorías MeSH.
4. Ingresando en la subcategoría podrá encontrar un término MeSH que puede contener más subcategorías que le pueden permitir recuperar el término adecuado para su búsqueda controlada.
5. Otra opción es mediante una búsqueda simple o avanzada. Aquí el investigador puede buscar el término o categoría de su ámbito de estudio y posteriormente analizar las subcategorías que le van a permitir identificar el termino indexado que va a describir el tema de estudio con mayor precisión.

Descriptores DeSC

Los Descriptores en Ciencias de la Salud tienen su origen en 1986 y se trata de un vocabulario controlado que fue creado por el Centro de Información de Ciencias de la Salud para América Latina y el Caribe, también conocido como BIREME; este es un centro especializado de la Organización Panamericana de la Salud y la Organización Mundial de la salud para mejorar el acceso, la publicación, el uso de la información científica, el conocimiento y la evidencia.

BIREME ha facilitado que tanto revistas científicas como libros, actas de congreso e informes técnicos cuenten con un lenguaje controlado e indexado. Estos términos fueron desarrollados a partir de los términos MeSH con el objetivo de tener una terminología de uso común en español y portugués (OMS/OPS, 2025).

Abarca categorías de áreas específicas de Ciencias de la Salud, Vigilancia Sanitaria, Homeopatúa y Medicinas Tradicionales. Al igual que los MeSH está basado en una estructura jerárquica que permite la ejecución de búsqueda desde términos más amplios a términos más específicos que pertenecen a una misma jerarquía.

Actualmente la página ha reportado tener 77 calificadores y abreviaciones; 34.861 descriptores, de los cuales 30.956 pertenecen a los MeSH y 3.905 son exclusivos del DeS. Sin embargo, las categorías del DeCS son únicas y están clasificadas de la siguiente manera: Ciencia y Salud (330), Homeopatía (1.848), Medicinas Tradicionales, Complementarias e Integrativas (114), Salud Pública (2.807), Vigilancia y Salud (817). Este vocabulario es dinámico y es actualizado cada año, por lo que se encuentra en crecimiento y cambio, entre alteraciones, sustituciones y creaciones de nuevos términos o áreas (OMS/OPS, 2025).

Los MeSC representan una oportunidad para que los investigadores con reciente experiencia en el ámbito de las revisiones sistemáticas, o incluso en un ámbito muy concreto de la investigación, puedan conocer los términos que se encuentran indexados en estas dos bases de descriptores. Su uso supone un acercamiento a la búsqueda por lenguaje controlado.

Además, para el acceso y orientación de los términos DeSH en la página oficial se puede consultar la guía de uso DeCS/MeSH.

A continuación, describimos brevemente los pasos para acceder a estos descriptores:

1. Ingresar a la página oficial de los términos DeSH
2. Identificar la clasificación o escribir en el motor de búsqueda la palabra del ámbito de estudio.
3. También puede utilizar una palabra general que le puede permitir llegar a la estructura jerárquica.
4. Una vez encuentre la palabra, puede ver detalles como la etiqueta asignada al descriptor en español, inglés, portugués y francés. La nota de alcance que es una definición, los clasificadores, la fecha de indexación de la palabra y otra información de interés.

Figura 5.3. Resumen grafico de los DeS. Recuperado de OMS/OPS (2025)

Figura 5.4. Categorías DeSC y MeSH. Recuperado de OMS/OPS (2025)

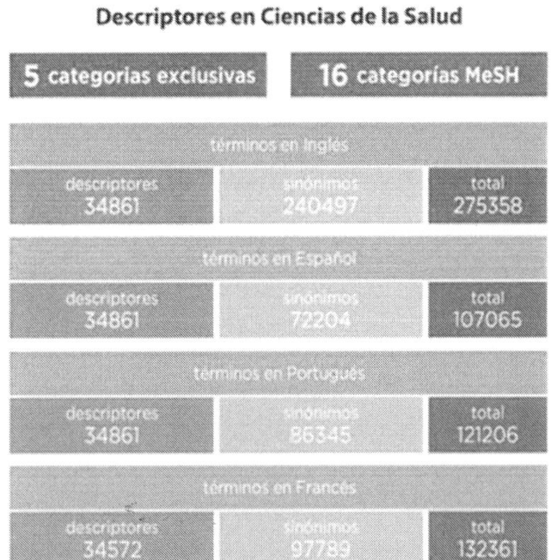

	descriptores	sinónimos	total
términos en Inglés	34861	240497	275358
términos en Español	34861	72204	107065
términos en Portugués	34861	86345	121206
términos en Francés	34572	97789	132361

Tesauros

La Asociación Americana de Psicología ha propuesto una variedad de conceptos y vocabularios utilizados en la literatura psicológica. El Tesauro en la representación los términos de vocabulario psicológico controlado que se utilizan en las bases de datos para que la búsqueda sea más fácil y exitosa. Al igual que los términos MeSH y DeSC, los tesauros estandarizan palabras para representar conceptos para categorizar las formas en que los autores se refieren a un mismo concepto.

Estos términos se actualizan cada año y en 2025 se han incorporado 36 nuevos términos publicables, 25 nuevos términos no publicables o referencias cruzadas, 37 notas de alcance revisadas y se han actualizado las jerarquías de términos y las relaciones para que la búsqueda sea más precisa (APA, 2025). Actualmente existen más 10.100 términos estándar con referencias cruzas, las notas de alcance son las que definen los términos; las notas históricas proporcionan información valiosa sobre el estado, los cambios y aplicación del término a los registros históricos. Las jerarquías de términos muestran la relación con otros términos. Las notas de publicación indican cuantas veces se ha utilizado el término en los registros de la base de datos de APA en el momento en que se publicó el Tesauro y el año indica la fecha en que añadió el término al Tesauro (APA, 2025).

Este vocabulario controlado ha proporcionado formas para estructurar temas de una manera consistente; por ejemplo, si buscamos el término violencia se puede identificar los términos generales como conflicto o comportamiento antisocial. Además, se puede identificar temas específicos como violencia de género, violencia escolar, violencia sexual entre otros y, posiblemente, la parte más novedosa es que permite identificar los términos relacionados; en este caso, puede encontrar prevención de la violencia, terrorismo o tortura.

El acceso a los tesauros describe en las guías de búsqueda de las bases de datos de la APA (EBSCO, APA, OVIDIO, PROCUEST). Además, PsycInfo una base de datos especializada en el ámbito de la psicología contiene un interfaz, que permite identificar los tesauros de un determinado fenómeno psicológico de una manera rápida.

Para acceder a un tesauro desde Psycinfo los autores deben:

1. Ingresar a la base de datos de Psycinfo o alguna base de la APA.

2. Buscar una categoría general y verificar que la definición corresponde al concepto que se está buscando.

3. Analizar los términos generales y términos relacionados.

5.4. Vocabulario libre

Palabras clave del autor

Las palabras clave del autor son una lista de términos que los autores creen que representa mejor el contenido de su artículo (Li et al., 2009). Durante este proceso de nominalización el autor ha representado por lo general entre tres o cinco términos el objetivo, resultados y conclusiones de su estudio (Boryaev, 2025). Sin embargo, esta forma de categorizar la información tiene un carácter subjetivo. En primer lugar, porque son los autores quienes deciden que palabra clave que va a representar el contenido de su estudio. Por lo tanto, categorización en temáticas donde no existe un lenguaje controlado para representar los distintos fenómenos de un ámbito de estudio la precisión con que se etiqueta al estudio va a depender de si las palabras seleccionadas representan en verdad el dominio del conocimiento (Sivakumar and Sivakumar, 2025). Para identificar las palabras clave del autor que posteriormente van a servir para construir la ecuación de búsqueda el autor tiene diversas opciones y va a depender de la base de datos que esté utilizando. Si nos centramos en bases ampliamente reconocidas como Web of Science (WOS) o Scopus, los investigadores necesitan acceder a estas bases de datos. En el caso WOS esta plataforma ha implementado un algoritmo que siguiere palabras clave adicionales. Estas palabras son una oportunidad para identificar palabras que el investigador no tenía en el radar e incorporar tanto en la fase de exploración como en la estrategia de búsqueda final. Una de las opciones es analizar detenidamente y comprobar que las sugerencias del algoritmo correspondan con el ámbito de conocimiento (Ver figura 5.4.).

Figura 5.4. Algoritmo para identificar palabras clave adicionales en WOS

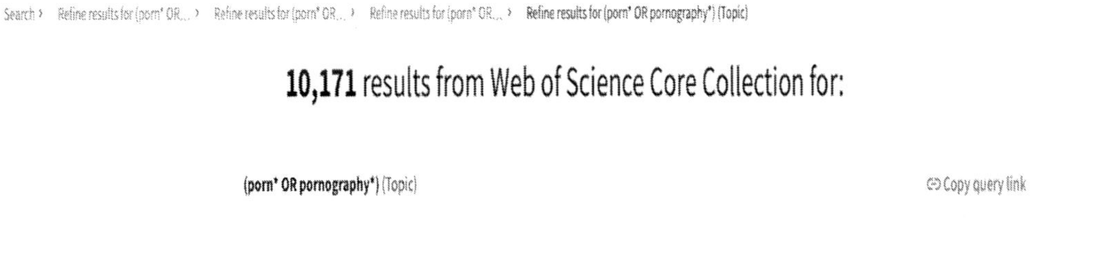

En Scopus existen otras formas de identificar las palabras clave del autor. Una opción es ingresar a la base de datos, llevar a cabo una búsqueda y en los filtros identificar los Keyword que con mayor frecuencia son utilizados en el ámbito de conocimiento. Esta estrategia permite mejorar significativamente la ecuación de búsqueda, ampliando la cobertura, mejorando la precisión y sensibilidad, sin embargo, también tiene una implicación que tiene que ver con el dominio que puede tener el investigador sobre un determinado tema de estudio, ya que una vez analice la cantidad de veces que la palabra del autor se utilizó, es decisión del autor la incorporación de esta en la ecuación de búsqueda.

Palabras clave Plus o Keywords Plus

Esta invención se atribuye a Garfield (1990) quien propuso indexar palabras adicionales extraídas de las referencias citadas en la colección principal del Índice de Citas Científicas (SCI), Índice de Citas de Ciencias Sociales (SSCI) y el Índice de Citas de Artes y Humanidades (AandHCI).

Esta propuesta fue una alternativa a la ausencia del Tesauro pan-disciplinario o un vocabulario controlado. Zhang et al. (2016), citando a Garfield (1990), respalda la idea de que las Keywords Plus son una tendencia de investigación que permite capturar el contenido de un artículo en mayor profundidad y variedad. La diferencia con las palabras clave del autor radica principalmente en que las Keywords Plus son generadas por un algoritmo informático automático, que se basa la frecuencia en que aparecen ciertas palabras o frases en los títulos y referencias de artículo y no necesariamente en el título del artículo o las palabras clave utilizadas por el autor (Zhang et al., 2016).

Con el objetivo de examinar la eficacia de los Keywords Plus, en el campo de investigación de la adherencia de los pacientes, Zhang et al. (2016) desarrollaron una bibliometría para explorar la eficacia de las Keywords Plus. Para ello recopiló desde enero del año 2000 hasta mayo del año 2011 un total 2.397 trabajos de investigación en Web Of Science y comparó con las palabras clave del autor. Encontró que 1.672 contenían ambos tipos de términos, en total 8.085 palabras clave del autor y 11.893 encontrando evidencias, mediante la prueba estadística de Wilcoxon de que había estadísticamente más Keywords Plus que palabras clave. Pese a esto el autor concluye que ambos tipos de palabras revelan la tendencia de investigación. Caracterizando la población de estudio y los factores de riesgo de no adhesión por igual, sin embargo, los Keywords Plus tendían a centrarse en enfermedades y afecciones específicas.

No obstante, el análisis bibliométrico reveló que los Keywords pueden ofrecer ciertas desventajas frente a las palabras clave del autor; por ejemplo, pueden ser menos específicos del contenido de los artículos, por lo que siguieren explorar su sensibilidad y especificidad en otros ámbitos de investigación. Otra de las desventajas es que este tipo de descriptores no son generalizadas a todas las bases de datos, es decir, en la actualidad solo pueden utilizarse en la base de datos de Web of Science.

Para acceder a los Keywords Plus los investigadores deben seguir los siguientes pasos:

1. Ingresar a la base de datos Web of Science.
2. Escribir un descriptor o una palabra de un ámbito de estudio.
3. Ingresar en los estudios relacionados con el ámbito de estudio.
4. Bajo las palabras clave del autor se encuentran las Keywords Plus (Ver Figura 1).

Tabla 5.2. Artículo indexado en Web of Science

Tipo	Palabras clave del autor	Keywords Plus	DOI
Resultado	Addictive behavior; compulsive behavior; compulsive sexual behavior; impulsive behavior; International Sex Survey (ISS); problematic pornography use	Measurement invariance; behavior disorder; moral incongruence; coefficient alpha; health; withdrawal; tolerance; attitudes; efficacy; sample	10.1111/add.16431

Otro procedimiento más sofisticado consiste en realizar una bibliometría para identificar la frecuencia de uso de las Keywords Plus. Puede ver el ejemplo de Zhang et al. (2016). Sin embargo, la bibliometría al ser un tipo de revisión sistemática por si sola tiene otros objetivos, más bien la tarea de la construcción de una estrategia de búsqueda precisa y sensible consiste en capturar la mayor cantidad de descriptores y palabras clave o Keywords Plus que permitan cumplir los objetivos de una revisión sistemática.

Figura 5.5. Precisión versus Sensibilidad de una Ecuación de Búsqueda.

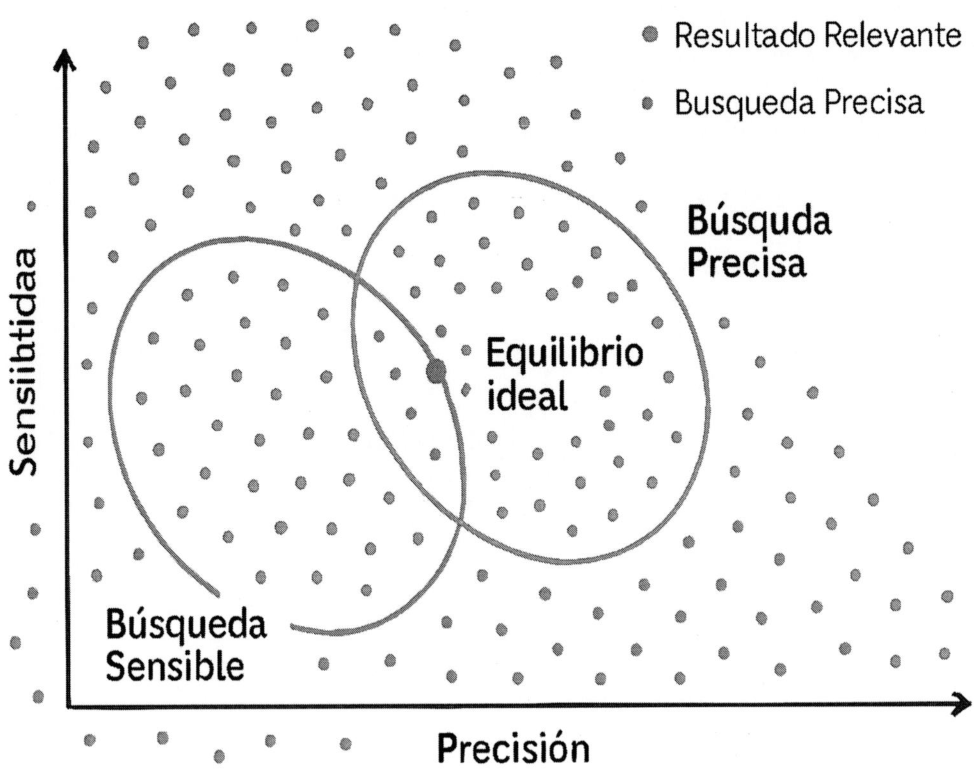

Imagen Generada por la IA y adaptada del artículo de Bramer et al. (2018)

5.5. Precisión versus sensibilidad

El éxito de la estrategia de búsqueda radica en que la ecuación de búsqueda permita resolver la pregunta y cumplir con los objetivos de la revisión sistemática. Las búsquedas deben tener un equilibrio entre precisión y sensibilidad en el número de información recuperada, priorizando principalmente la sensibilidad. Por un lado, las búsquedas precisas permitirán recuperar estudios relevantes, pero el riesgo no capturar toda la información relevante del ámbito aumenta, mientras que las búsquedas más sensibles recuperan la mayor parte de información relevante, pero también recuperan una proporción de resultados irrelevantes.

En la figura 5.5. se representa que la imposibilidad de que una ecuación logre una elevada precisión al mismo tiempo que una elevada sensibilidad. Al ajustar la ecuación hacia una búsqueda excesivamente precisa el riesgo de que información relevante, que por alguna razón no está siendo capturada por la ecuación, es posible se quede fuera; ello afectará directamente a la validez y confiabilidad de la revisión. Una búsqueda excesivamente sensible incluirá ruido en los resultados de búsqueda. Encontrar el equilibrio entre precisión y sensibilidad ayudará a evitar el sesgo de exclusión. Por lo tanto, es normal que los investigadores en la primera fase de revisión se encuentren con información que no es relevante para su pregunta y objetivo o simplemente no cumple con los criterios de elegibilidad establecidos.

Nota: El uso indiscriminado de filtros aumenta la precisión, pero crea desequilibro con la precisión que se obtuvo con la ecuación de búsqueda. Por ejemplo, filtrar por áreas de conocimiento seguramente va a permitir que los resultados recuperados disminuyan y en la fase de identificación el ruido sea menor, pero si la información se encuentra indexada solamente en otra área quedará fuera. Para evitar esto se debe permitir que el nivel de sensibilidad capture posibilidades de recuperación de información que fácilmente puede ser eliminada en la fase de identificación.

Operadores Booleanos

Los operados operadores booleanos son los encargados de darle el sentido de ecuación de búsqueda. Estos permiten hacer diversas combinaciones ya sea entre las palabras del autor, Keywords Plus o vocabulario controlado. En cambio, los truncamientos son símbolos que sirven para sustituir un conjunto de caracteres y sus derivados. Los operadores booleanos se encuentran clasificados en operadores lógicos (AND, OR, NOT) y en operadores sintácticos o de proximidad (NEAR, SAME).

El operador AND permite recuperar documentos que incluyan ambos términos o los términos descritos por dos conjuntos de ecuaciones. Por ejemplo, si se quiere recuperar hipertensión solo en fumadores, este operador permitirá recuperar solo estudios que cumplan ambas condiciones. El operador OR permite recuperar información que contenga al menos uno de los términos, en el mismo ejemplo, permitirá recuperar los estudios de hipertensión en personas con distintas condiciones. El operador NOT permite recuperar información que solo incluya el primer término. En este caso podría pedirse que recupere estudios de hipertensión en bajo cualquier condición que no sea la de fumadores.

Los operadores de proximidad tienen una utilidad específica. El operador SAME permite recuperar información que cumpla con las dos palabras, pero con la condición de que se encuentre a una determina distancia. Por ejemplo, Hipertensión NEAR/5 fumadores, permitirá recuperar Hipertensión con una distancia de cinco palabras separadas hasta fumadores. El operador SAME permite recuperar información donde los términos aparezcan en la misma sección o campo del registro. Por ejemplo, Violencia SAME Infantil, recuperará información en donde Violencia Infantil esté en la misma dirección.

Figura 5.6. Operadores boleanos

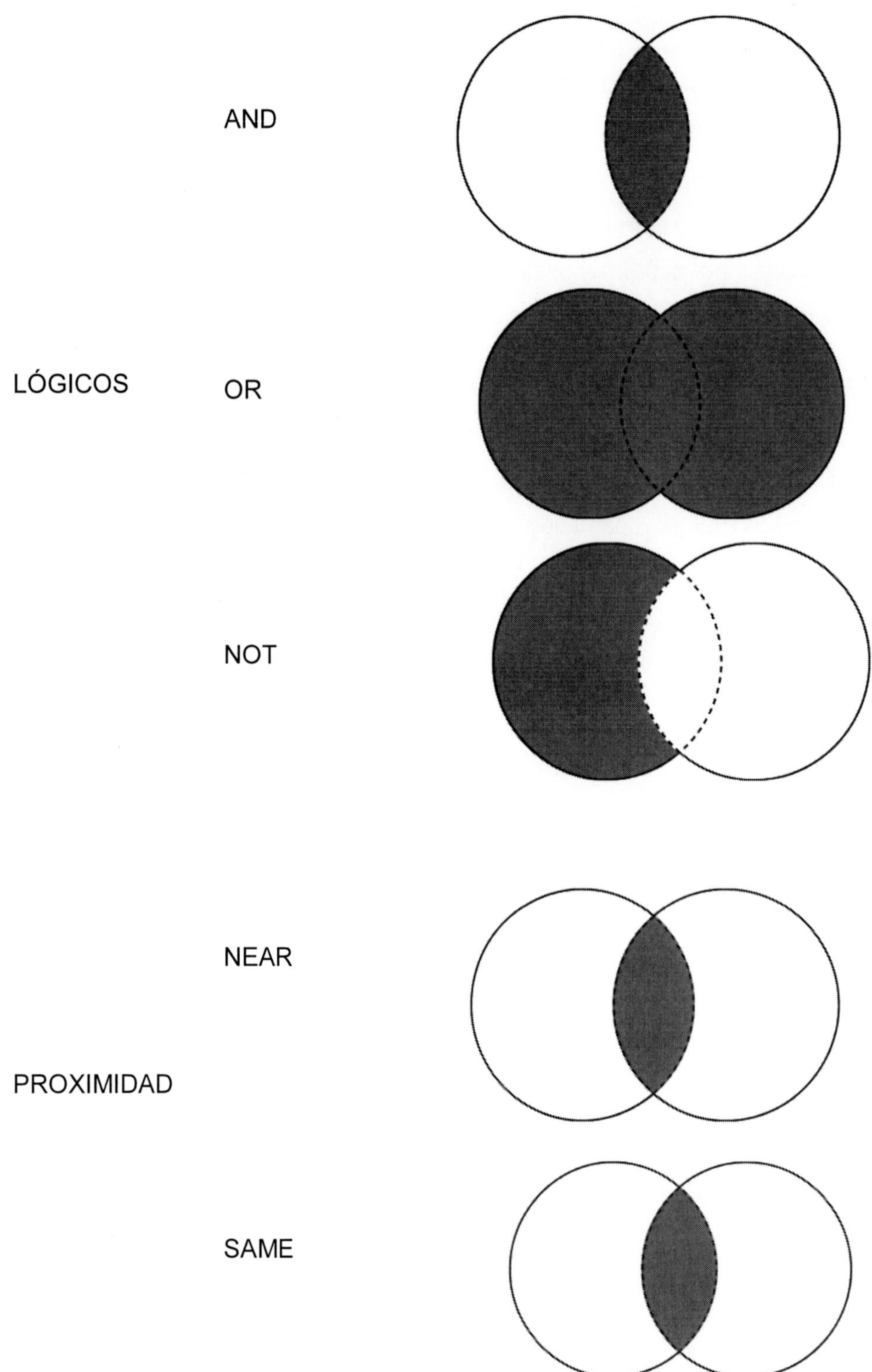

Truncamientos

Los truncamientos son símbolos especiales que se utilizan para remplazar uno o varios caracteres. Tienen una gran utilidad y ayudan a perfeccionar la ecuación de búsqueda.

Tabla 5.3. Resumen de truncamientos

Símbolo	Utilidad
Comillas “ ”	Recupera documentos de conceptos que se encuentran definidos por palabras compuestas. “violencia escolar”
Dólar $	Este comodín permite sustituir algún carácter que se pueda presentar por variaciones ortográficas. Por ejemplo, behaviour y behavior. La opción sería behavior.
Interrogación ¿	Sustituye un solo carácter. Por ejemplo, en la palabra Mexico o Mejico. Se podría utilizar Me?ico.
Asterisco *	Este truncamiento por excelencia sustituye varios caracteres al final o dentro de cada palabra. Por ejemplo, child* incluiría children
Paréntesis ( )	Permite agrupar los términos para que la búsqueda pueda ejecutarse de manera lógica. Permite crear conjuntos y subconjuntos dentro de la ecuación.

5.6. Fuentes documentales

Anderson, L. M., Oliver, S. R., Michie, S., Rehfuess, E., Noyes, J., and Shemilt, I. (2013). Investigating complexity in systematic reviews of interventions by using a spectrum of methods. *Journal of Clinical Epidemiology, 66*(11), 1223–1229. https://doi.org/10.1016/j.jclinepi.2013.06.014

Booth, A., Clarke, M., Ghersi, D., Moher, D., Petticrew, M., and Stewart, L. (2011). An international registry of systematic-review protocols. The Lancet, 377(9760), 108–109. https://doi.org/10.1016/S0140-6736(10)60903-8

Booth, A., Sutton, A., and Papaioannou, D. (2016). *Systematic Approaches to a Successful Literature Review (*2nd ed.). Sage Publications.

Borenstein, M., Hedges, L. V., Higgins, J. P. T., and Rothstein, H. R. (2009). *Introduction to Meta-Analysis.* Wiley. https://doi.org/10.1002/9780470743386

Cascaes da Silva, F., Beatriz Angélica Valdivia Arancibia, T., da Rosa Iop, R., Jose Barbosa Gutierres Filho, P., and da Silva, R. (2013). *Escalas y listas de evaluación de la calidad de estudios científicos Evaluation lists and scales for the quality of scientific studies* (Vol. 24, Issue 3). http://scielo.sld.cu

Casy, T., Grasseau, A., Charras, A., Rouvière, B., Pers, J.-O., Foulquier, N., and Saraux, A. (2022). Assessing the robustness of clinical trials by estimating Jadad's score using artificial intelligence approaches. *Computers in Biology and Medicine, 148,* 105851. https://doi.org/10.1016/j.compbiomed.2022.105851

Counsell, C. (1997). Formulating Questions and Locating Primary Studies for Inclusion in Systematic *Reviews. Annals of Internal Medicine, 127*(5), 380–387. https://doi.org/10.7326/0003-4819-127-5-199709010-00008

Escrig Sos, V. J., Llueca Abella, J. A., Granel Villach, L., and Bellver Oliver, M. (2021). Metaanálisis: una forma básica de entender e interpretar su evidencia. *Revista de Senología y Patología Mamaria, 34*(1), 44–51. https://doi.org/10.1016/j.senol.2020.05.007

Frandsen, T. F., Bruun Nielsen, M. F., Lindhardt, C. L., and Eriksen, M. B. (2020). Using the full PICO model as a search tool for systematic reviews resulted in lower recall for some PICO elements. *Journal of Clinical Epidemiology, 127,* 69–75. https://doi.org/10.1016/j.jclinepi.2020.07.005

Higgins, J., Thomas, J., Chandler, J., Cumpston, M., Li, T., Page, M., and Welch, V. (2024). Cochrane Handbook for Systematic *Reviews of Interventions version 6.5* (2nd ed.). Cochrane.

Hopewell, S., McDonald, S., Clarke, M. J., and Egger, M. (2007). Grey literature in meta-analyses of randomized trials of health care interventions. *Cochrane Database of Systematic Reviews, 2010*(1). https://doi.org/10.1002/14651858.MR000010.pub3

Horsley, T., Dingwall, O., Tetzlaff, J. M., and Sampson, M. (2009). Checking reference lists to find additional studies for systematic reviews. In T. Horsley (Ed.), *Cochrane Database of Systematic Reviews.* John Wiley and Sons, Ltd. https://doi.org/10.1002/14651858.MR000026

Lo, C. K.-L., Mertz, D., and Loeb, M. (2014). Newcastle-Ottawa Scale: comparing reviewers' to authors' assessments. *BMC Medical Research Methodology, 14*(1), 45. https://doi.org/10.1186/1471-2288-14-45

Marie Yayen, K. R., Michael Deblois, J. D., Rosario Bernardo-Lazaro, M., and Manila, H. (2024). How to Conduct a Systematic Review and Meta-analysis? *The Filipino Family Physician, 62*(1), 51–66. https://thepafp.org/journal/abstract/the-

Minion, J., Egunsola, O., Mastikhina, L., Farkas, B., Hofmeister, M., Flanagan, J., Salmon, C., and Clement, F. (2021). PICO Portal (product review). *Journal of the Canadian Health Libraries Association / Journal de l'Association Des Bibliothèques de La Santé Du Canada, 42*(3). https://doi.org/10.29173/jchla29590

Moher, D., Liberati, A., Tetzlaff, J., and Altman, D. G. (2009). Preferred Reporting Items for Systematic Reviews and Meta-Analyses: The PRISMA Statement. *PLoS Medicine, 6*(7), e1000097. https://doi.org/10.1371/journal.pmed.1000097

Moreau, D., and Wiebels, K. (2024). Nine quick tips for open meta-analyses. *PLOS Computational Biology, 20*(7), e1012252. https://doi.org/10.1371/journal.pcbi.1012252

Norman, G. (2014). Data dredging, salami-slicing, and other successful strategies to ensure rejection: twelve tips on how to not get your paper published. *Advances in Health Sciences Education, 19*(1), 1–5. https://doi.org/10.1007/s10459-014-9494-8

O'Connor, D., Green, S., and Higgins, J. P. (2008). *Defining the Review Question and Developing Criteria for Including Studies. In Cochrane Handbook for Systematic Reviews of Interventions* (pp. 81–94). Wiley. https://doi.org/10.1002/9780470712184.ch5

Page, M. J., McKenzie, J. E., Bossuyt, P. M., Boutron, I., Hoffmann, T. C., Mulrow, C. D., Shamseer, L., Tetzlaff, J. M., Akl, E. A., Brennan, S. E., Chou, R., Glanville, J., Grimshaw, J. M., Hróbjartsson, A., Lalu, M. M., Li, T., Loder, E. W., Mayo-Wilson, E., McDonald, S., ... Moher, D. (2021). *The PRISMA 2020 statement: an updated guideline for reporting systematic reviews.* BMJ, 71. https://doi.org/10.1136/bmj.n71

Quispe, A. M., Hinojosa-Ticona, Y., Miranda, H. A., and Sedano, C. A. (2021). Serie de Redacción Científica: Revisiones Sistemáticas. *Revista Del Cuerpo Médico Hospital Nacional Almanzor Aguinaga Asenjo, 14*(1), 94–99. https://doi.org/10.35434/rcmhnaaa.2021.141.906

Robinson, K. A., Saldanha, I. J., and Mckoy, N. A. (2011). Development of a framework to identify research gaps from systematic reviews. *Journal of Clinical Epidemiology, 64*(12), 1325–1330. https://doi.org/10.1016/j.jclinepi.2011.06.009

Sánchez-Martín, M., Pedreño Plana, M., Ponce Gea, A. I., and Navarro-Mateu, F. (2023). And, at first, it was the research question… The PICO, PECO, SPIDER and FINER formats [Y, al principio, fue la pregunta de investigación … Los formatos PICO, PECO, SPIDER y FINER]. ESPIRAL. *Cuadernos del Profesorado, 16*(32), 126–136. https://doi.org/10.25115/ecp.v16i32.9102

Schardt, C., Adams, M. B., Owens, T., Keitz, S., and Fontelo, P. (2007). Utilization of the PICO framework to improve searching PubMed for clinical questions. *BMC Medical Informatics and Decision Making,* *7*(1), 16. https://doi.org/10.1186/1472-6947-7-16

Shea, B. J., Reeves, B. C., Wells, G., Thuku, M., Hamel, C., Moran, J., Moher, D., Tugwell, P., Welch, V., Kristjansson, E., and Henry, D. A. (2017). *AMSTAR 2: a critical appraisal tool for systematic reviews that include randomised or non-randomised studies of healthcare interventions, or both.* BMJ, j4008. https://doi.org/10.1136/bmj.j4008

Sterne, J. A., Hernán, M. A., Reeves, B. C., Savović, J., Berkman, N. D., Viswanathan, M., Henry, D., Altman, D. G., Ansari, M. T., Boutron, I., Carpenter, J. R., Chan, A.-W., Churchill, R., Deeks, J. J., Hróbjartsson, A., Kirkham, J., Jüni, P., Loke, Y. K., Pigott, T. D., … Higgins, J. P. (2016). *ROBINS-I: a tool for assessing risk of bias in non-randomised studies of interventions.* BMJ, i4919. https://doi.org/10.1136/bmj.i4919

Tawfik, G. M., Dila, K. A. S., Mohamed, M. Y. F., Tam, D. N. H., Kien, N. D., Ahmed, A. M., and Huy, N. T. (2019). A step by step guide for conducting a systematic review and meta-analysis with simulation data. *Tropical Medicine and Health, 47*(1), 46. https://doi.org/10.1186/s41182-019-0165-6

Vighnesh, D. (2021, June 25). *What is data dredging? Students 4 Best Evidence.*

Wang, Q., Liao, J., Lapata, M., and Macleod, M. (2022). PICO entity extraction for preclinical animal literature. *Systematic Reviews, 11*(1), 209. https://doi.org/10.1186/s13643-022-02074-4

Zaccagnini, M., and Li, J. (2023). How to Conduct a Systematic Review and Meta-Analysis: A Guide for Clinicians? *Respiratory Care, 68*(9), 1295–1308. https://doi.org/10.4187/respcare.10971

CAPÍTULO 6

Extracción e importación de información desde las bases datos

Capítulo 6

Extracción e importación de información desde las bases datos

Hugo Sinchi-Sinchi
Docente de Psicología
Pontificia Universidad Católica del Ecuador, Esmeraldas
hfsinchi@pucese.edu.ec
https://orcid.org/0000-0001-8419-1382

Andrés Ramírez
Profesor de Psicología Clínica
Universidad Politécnica Salesiana, Cuenca, Ecuador
aramirezc1@ups.edu.ec
https://orcid.org/0009-0007-3493-6519

Luis Burgos-Benavides
Personal Docente Investigador, Universidad de Oviedo, Facultad de Psicología
Investigador del Centro de Investigación, Desarrollo e Innovación Educativa del Principado de Asturias (CIDIPA)
burgosluis@uniovi.es
https://orcid.org/0000-0002-1364-8995

Resumen

El sexto capítulo aborda la importancia de la ética y la responsabilidad social en los procesos de investigación, destacando cómo estos valores constituyen la base para la credibilidad científica y la legitimidad social de la universidad. Se contextualiza en un panorama donde la presión por publicar, la competitividad académica y la acelerada producción de conocimiento pueden generar tensiones que comprometan la integridad investigadora. El objetivo central es analizar los principios éticos que deben guiar la actividad científica y presentar estrategias para promover prácticas responsables en los equipos de investigación. La relevancia del capítulo radica en que sitúa la investigación no solo como una actividad técnica, sino como un compromiso con la sociedad y con el desarrollo humano sostenible. Los contenidos incluyen la revisión de marcos normativos internacionales, ejemplos de dilemas éticos en la práctica académica, el papel de los comités de ética y la formación en integridad científica. El capítulo concluye subrayando que la universidad debe reforzar su función como garante de la ética investigadora, promoviendo una cultura de responsabilidad que asegure la calidad y el impacto positivo del conocimiento generado.

Palabras clave: ética investigación, integridad científica, responsabilidad social, sostenibilidad, universidad.

Abstract

The sixth chapter addresses the importance of ethics and social responsibility in research processes, emphasizing how these values constitute the foundation for the scientific credibility and social legitimacy of universities. It is contextualized in a scenario where publication pressure, academic competitiveness, and accelerated knowledge production may create tensions that compromise research integrity. The main objective is to analyze the ethical principles that should guide scientific activity and to present strategies for fostering responsible practices within research teams. The chapter's relevance lies in framing research not only as a technical activity but also as a commitment to society and sustainable human development. Contents include a review of international regulatory frameworks, examples of ethical dilemmas in academic practice, the role of ethics committees, and training in scientific integrity. The chapter concludes by stressing that universities must strengthen their role as guarantors of research ethics, fostering a culture of responsibility that ensures both the quality and the positive impact of generated knowledge.

Palabras clave / Keywords: research ethics, scientific integrity, social responsibility, sustainability, university

6.1. Contextualización

Las bases de datos científicas son herramientas indispensables para la investigación académica. Estas contribuyen a promover las publicaciones científicas mediante la creación de repositorios de acceso abierto y réplicas en Internet, que mejoran la visibilidad y accesibilidad de los resultados de la investigación (Mazov and Gureyev, 2022). Su uso posibilita acceder a literatura especializada, validada y actualizada, que permite la construcción del conocimiento la frecuencia de uso se correlaciona positivamente con la productividad investigadora, lo que pone de relieve su papel fundamental en el trabajo académico (Rafi et al., 2019; Wong and Lin, 2025).

Por lo tanto, disponer de base de datos permiten identificar, seleccionar y exportar datos en formatos como RIS o BibTeX, manteniendo la calidad de los datos para garantizar que la información sea útil y fiable (Sánchez-Macián et al., 2024).

6.2. Tipos de búsqueda en las bases de datos

El acceso estratégico a la información científica parte del dominio de las herramientas de búsqueda como las bases de datos. Estas plataformas permiten identificar y recuperar información científica confiable, y permiten la investigación interdisciplinar integrando datos de diversas fuentes y campos que con frecuencia permite a los investigadores explorar relaciones complejas y generar nuevos conocimientos en distintos ámbitos (Piñero Pérez et al., 2022).

En este orden, para acceder a literatura científica especializada a través de las bases de datos académicas encontramos dos formas de búsqueda. La primera que destaca el uso de estrategias básicas, y la segunda que implica técnicas avanzadas que posibilitan optimizar la precisión de los resultados. Cada una de las formas cumple una función específica, según el nivel de precisión y profundidad que se requiera en la revisión bibliográfica.

Búsqueda simple

Permite explorar en las bases de datos de manera simple, ya que consiste en el ingreso directo de una o varias palabras clave en un único campo de búsqueda, y no cuenta con especificidad ni segmentación.

Figura 6.1. Interfaz de búsqueda simple en PubMed

Nota: Tomado de PubMed (https://pubmed.ncbi.nlm.nih.gov/).

Como señala Shafiq and Wani (2018) las bases de datos académicas ofrecen esta interfaz de búsqueda sencilla que permite a los usuarios en segundos realizar la búsqueda y recuperar los resultados. Siendo una interfaz diseñada para ser fácil de usar para los usuarios principiantes. Sin embargo, la amplitud de los resultados conlleva que la búsqueda identifique documentos que pueden ser no pertinentes, otros duplicados o con bajo rigor académico.

En este sentido, el uso de este tipo de búsqueda figura como un ejercicio que permite explorar la disponibilidad de contenido, pero no siempre responde a los aspectos esenciales para garantizar la calidad de la información. Por lo tanto, se recomienda que no sea la única estrategia de búsqueda si la investigación requiere de mayor profundidad.

Búsqueda avanzada

Para garantizar la pertinencia y refinar de la información que se ha recuperado, las bases de datos ofrecen la opción de búsqueda avanzada. Técnicas como la ampliación de la consulta, en la que se añaden más términos relevantes a la consulta, y el refuerzo de la consulta, que da prioridad a determinados términos, pueden mejorar la recuperación de documentos relevantes (Liu et al., 2021). Además, este tipo de búsqueda cuenta con opciones que permite segmentar la búsqueda por todos los campos o campos específicos como se observa en la Figura 6.2, con opciones como: Afiliación, Autor, Libro, Fecha, MeSH, ISBN, Investigador, Número (de revista), Revista, Idioma, Otro término, Tipo de publicación, Palabra de texto, Título, Título/Resumen, etc.

Figura 6.2. Interfaz de búsqueda avanzada en PubMed

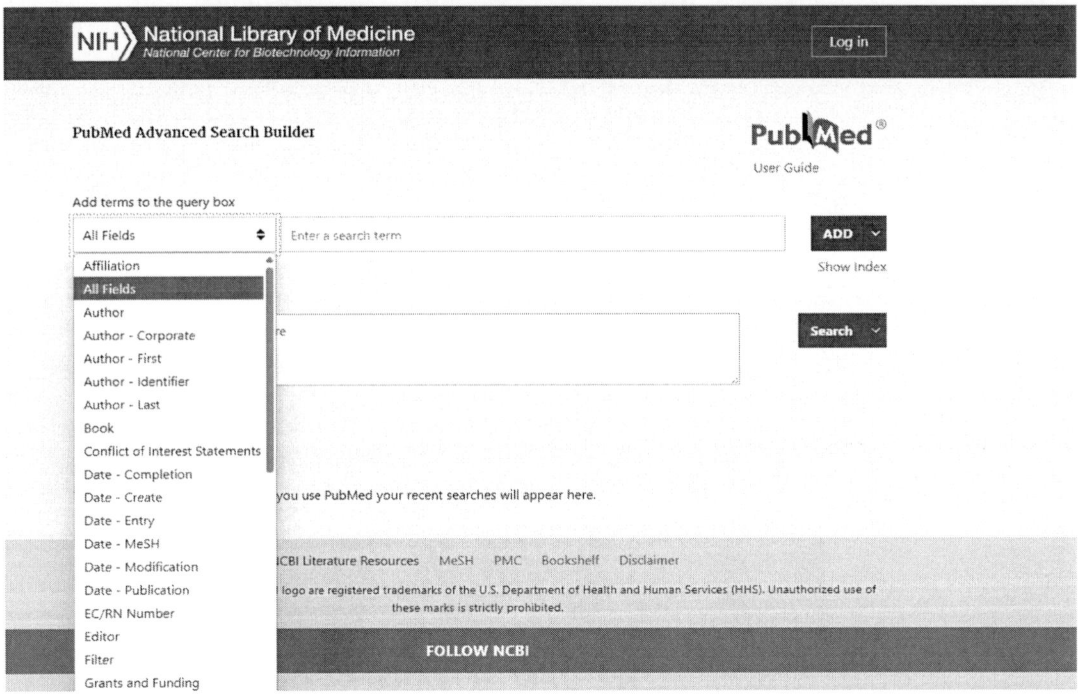

Nota: Tomado de PubMed (https://pubmed.ncbi.nlm.nih.gov/).

Operadores booleanos.

Los operadores booleanos como AND, OR y NOT son comandos lógicos utilizados en los sistemas de búsqueda que permiten refinar las consultas de búsqueda y mejorar la precisión de los resultados (Farooq et al., 2023).

En la búsqueda avanzada, estos operadores pueden aplicarse fácilmente, con frecuencia desde un menú desplegable o describiéndolos entre las palabras claves, como se observa en la Figura 6.3.

Figura 6.3. Aplicación de operadores booleanos en PubMed

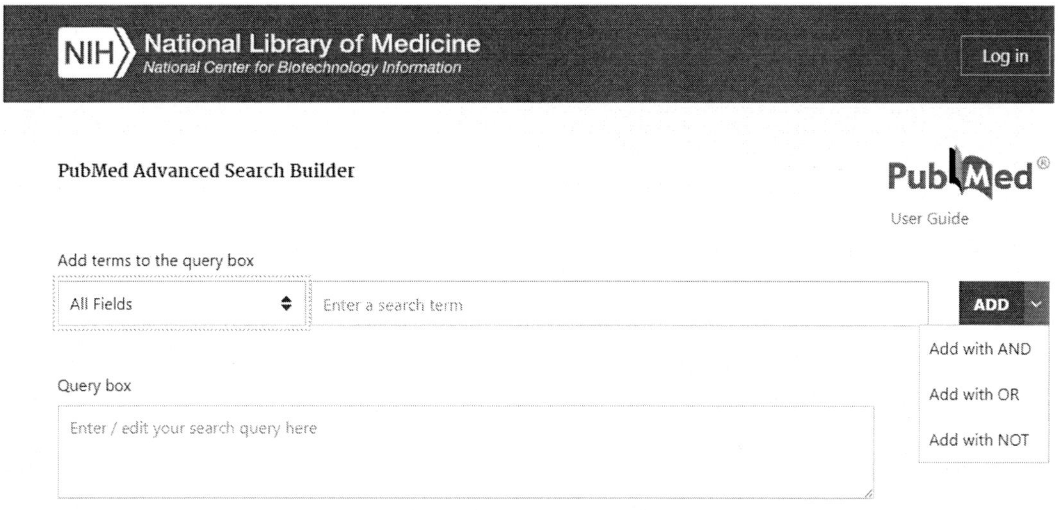

Nota: Tomado de PubMed (https://pubmed.ncbi.nlm.nih.gov/).

Son primordiales para las búsquedas avanzadas en, porque ayudan en la indexación y búsqueda postcoordenada, permitiendo a los usuarios combinar palabras clave de diversas formas para recuperar documentos relevantes (Frické, 2021).

6.3. Utilidad de los filtros

El principal reto en la búsqueda de información científica es filtrar resultados irrelevantes. Con la creciente producción académica, los investigadores arriesgan dedicar demasiado tiempo revisando documentos que pueden ser no pertinentes. Por lo cual, los filtros de búsqueda son una herramienta que ayuda a optimizar la recuperación de información relevante y actualizada.

Los filtros de búsqueda, también conocidos como coberturas, son estrategias de búsqueda preformuladas, diseñadas para optimizar la recuperación de información relevante y actualizada de las bases de datos bibliográficas y otros sistemas de recuperación de información (Rosumeck, et al., 2020). Por ejemplo, PubMed, Scopus y Web of Science cuentan con filtros configurables que permiten al usuario establecer parámetros específicos. Estos filtros se pueden utilizar tanto en búsquedas simples como avanzadas y facilitan el proceso de revisión bibliográfica.

Aplicar filtros en las búsquedas permiten limitarse a artículos científicos recientes y pertinentes, excluyendo materiales poco relevantes como editoriales o estudios fuera del público objetivo. Por ejemplo, como se observa en la figura5, al buscar estudios publicados en los últimos 5 años sobre "instrumentos de evaluación de ansiedad ecológica", los filtros permiten reducción los documentos recuperados en este rango.

Figura 6.4. Uso de filtro "fecha de publicación"

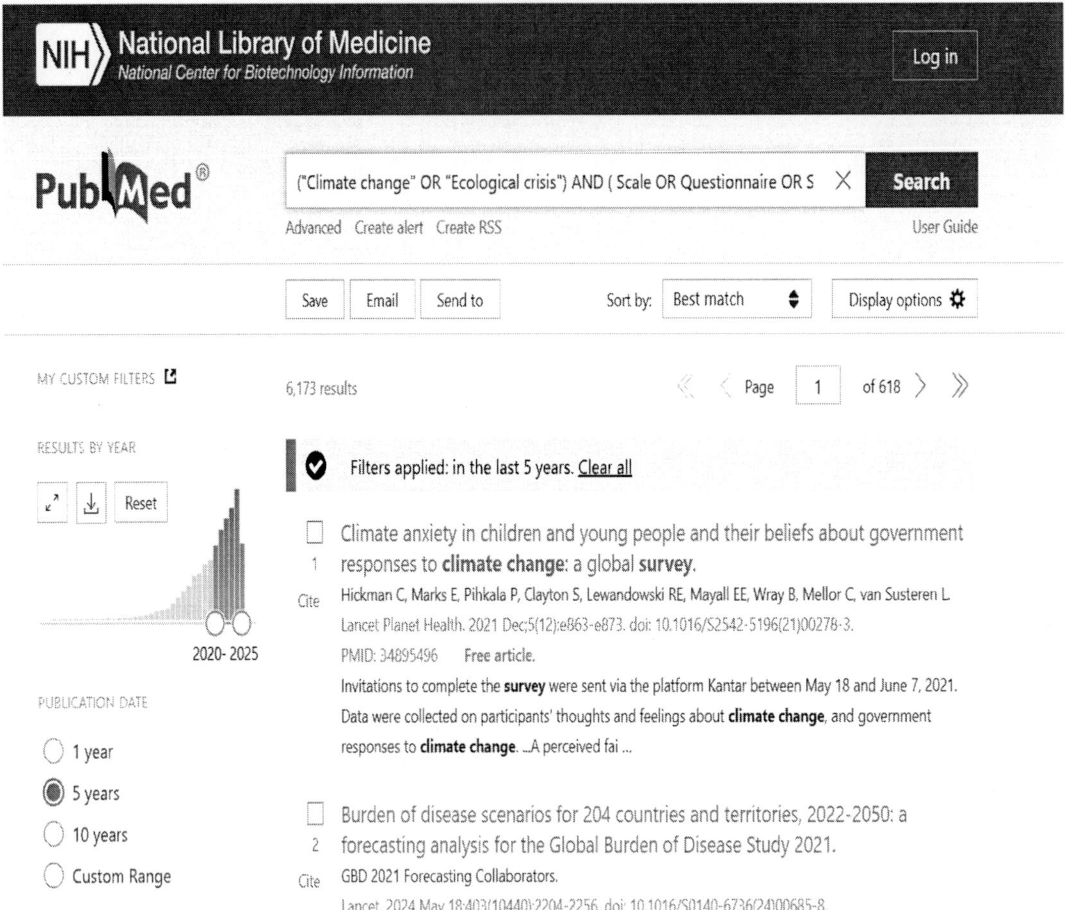

Nota: Tomado de PubMed (https://pubmed.ncbi.nlm.nih.gov/).

Estas herramientas son especialmente útiles para que los especialistas en información y los investigadores gestionen grandes volúmenes de datos y se centren en tipos de estudios o temas específicos (Frandsen and Eriksen, 2022). Por ejemplo, en las revisiones sistemáticas, esta estrategia permite que el proceso de selección sea más eficiente y riguroso, reduciendo el riesgo de incluir material poco relevante.

6.4. Tipos de filtros

Las bases de datos científicas ofrecen varios filtros que permiten al usuario refinar las búsquedas y dirigir la recuperación de información según criterios específicos como se observa en la figura 6.5.

Los filtros varían según la base de datos, sin embargo, en general comparten una estructura común que ayudan a identificar artículos dentro de un tema o diseño de estudio específico (Frandsen and Eriksen, 2022). Son útiles en consultas complejas en las que deben cumplirse varias condiciones (Haferkorn et al., 2020).

Figura 6.5. Ejemplo de filtros en PubMed

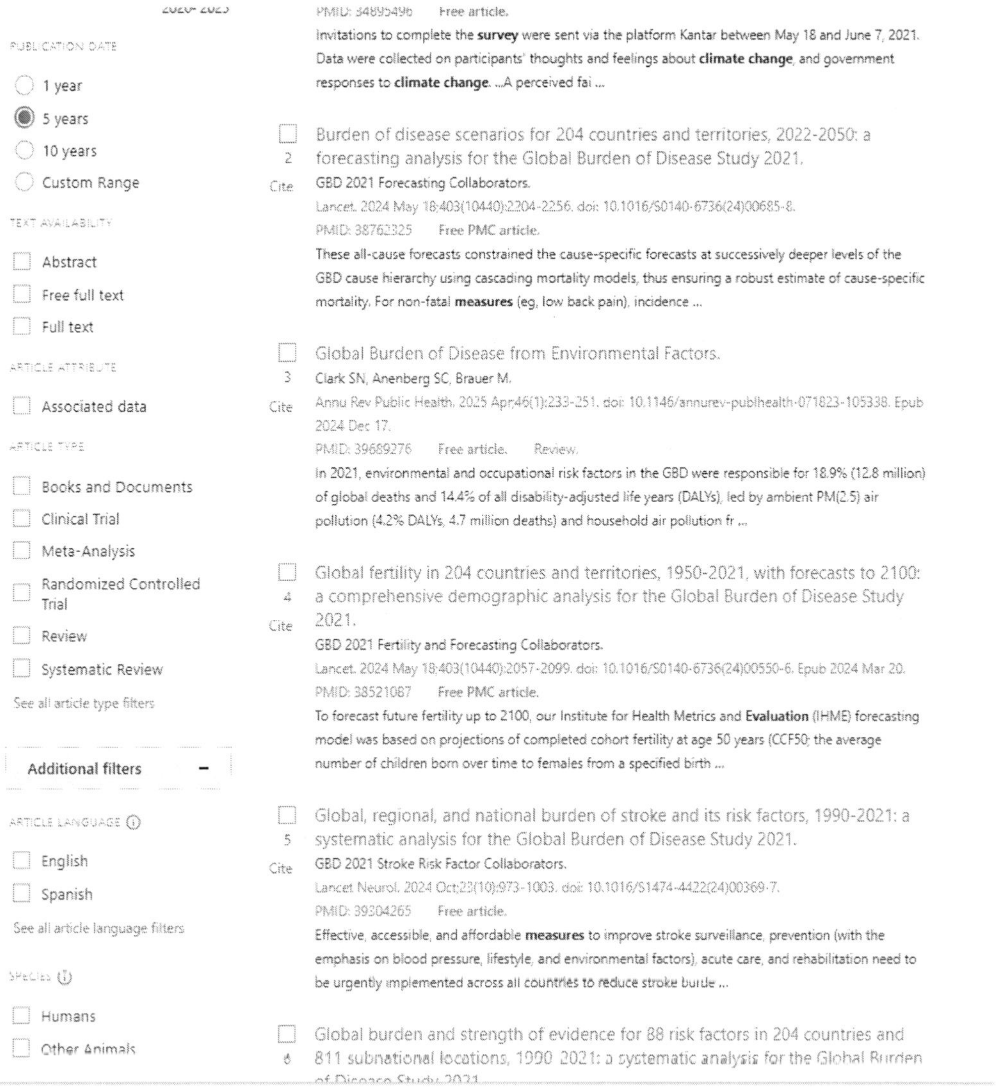

Nota: Tomado de PubMed (https://pubmed.ncbi.nlm.nih.gov/).

El uso adecuado de los filtros contribuye a delimitar una recuperación bibliográfica relevante, confiable y pertinente con el objetivo de estudio. Son especialmente útiles para las revisiones sistemáticas y los estudios de intervención (Escobar Liquitayet al., 2023).

Los principales filtros son:

Por año de publicación. Este filtro permite restringir la búsqueda a un rango temporal específico. Es fundamental para limitar la literatura actualizada, especialmente en campos donde el la producción científica y el campo de atención se desarrolla con rapidez, como las ciencias médicas, la inteligencia artificial, etc. Por ejemplo, en PubMed establece 1 año, 5 años, 10 años y la opción de establecer el rango que requiere el investigador

Por tipo de documento. Este filtro permite seleccionar los formatos de publicación que necesita el investigador, como artículos originales, revisiones sistemáticas, metaanálisis, ensayos clínicos, libros o capítulos de libros, etc. Este recurso resulta útil para ajustar los criterios metodológicos. Por ejemplo, si el investigador busca evidencia empírica, puede excluir revisiones, metaanálisis, capítulos de libros, cartas o comentarios, limitando la búsqueda por ensayos clínicos o ensayos clínicos aleatorizados.

Por idioma. Este filtro es útil para determinar la pertinencia sociocultural de los resultados para el investigador; además, facilita la lectura directa de los textos sin necesidad de traducciones automáticas, que pueden distorsionar conceptos técnicos. Los idiomas más frecuentes en la producción científica son el inglés, español, francés y chino.

Otros filtros. Las bases de datos científicas como Scopus, PubMed o Web of Science entre otras, ofrecen una amplia variedad de opciones que permiten refinar aún más los resultados: filtros por área temática, por palabras clave, por país o territorio, por revista científica, nombre del autor, afiliación institucional, la edad, la especie, la fuente de financiación, el tipo de acceso o incluso por el estado de publicación, como artículos "en prensa" o publicados.

El uso estratégico de estos filtros optimiza el proceso de búsqueda, permitiendo al investigador centrarse en la evidencia pertinente.

6.5. Selección de información

Elegir el criterio de relevancia adecuado para la selección de características ayuda a reducir la dimensionalidad y la redundancia, mejorando el rendimiento de los algoritmos de aprendizaje y la extracción de información (Manikandan and Abirami, 2021). 6En este sentido, una vez realizada la búsqueda se aplican los filtros adecuados que permite garantizar una selección crítica de la información, priorizando aquellos elementos que aporten valor y pertinencia al problema de análisis. Esta etapa es fundamental, ya que de ella depende la calidad y solidez de los documentos que serán utilizados en la investigación. Por lo tanto, no todo lo que se obtiene como resultado de una búsqueda debe ser utilizado, siendo necesario aplicar criterios y filtros específicos que garanticen la relevancia y validez científica del material seleccionado, como se observa en la figura 6.6.

Figura 6.6. Filtro por fecha de publicación y tipo de artículo en PuMed.

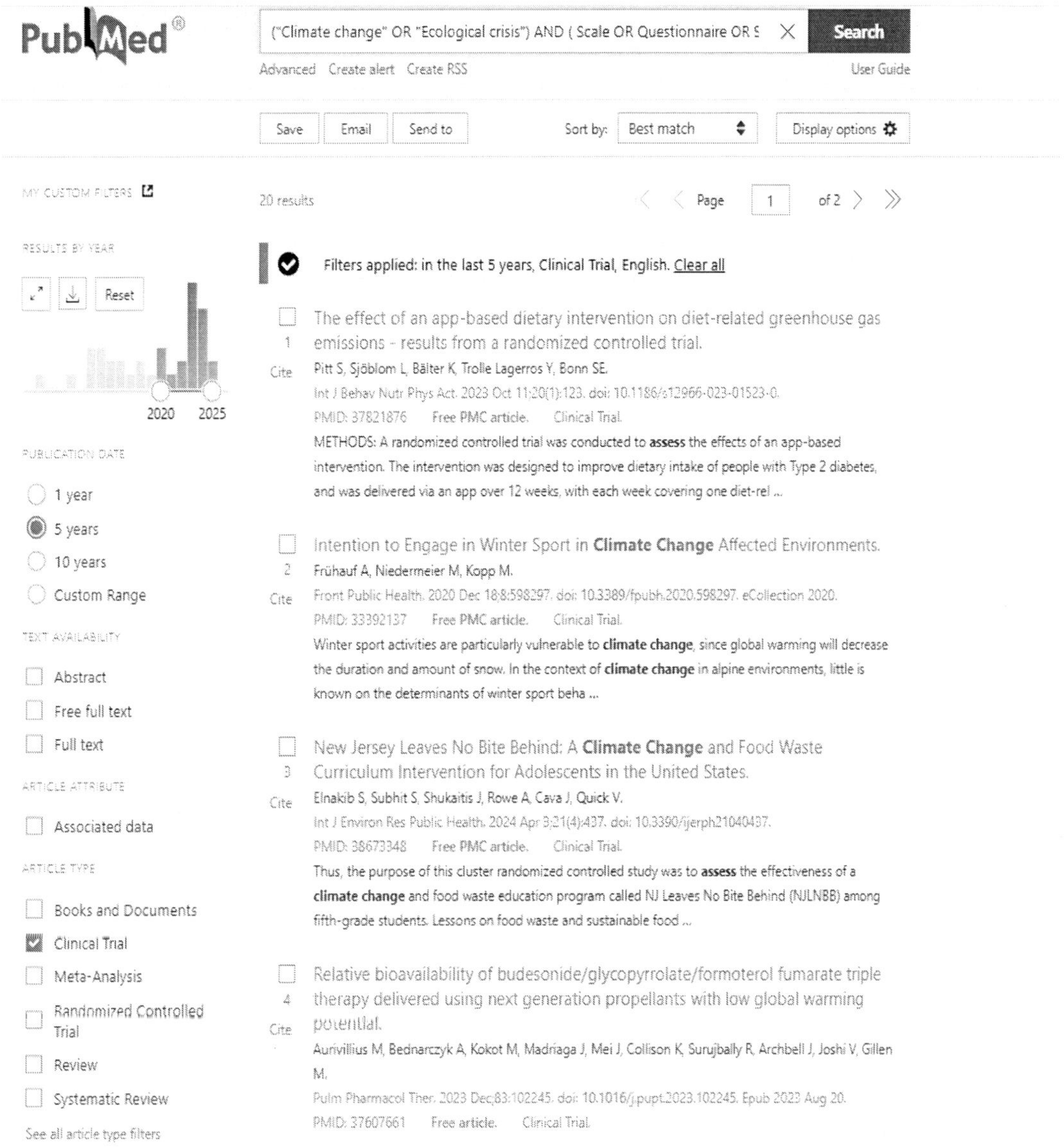

Nota: Tomado de PubMed (https://pubmed.ncbi.nlm.nih.gov/).

6.6. Criterios de relevancia, actualidad y pertinencia temática

Una vez obtenida una lista preliminar de documentos en la base de datos, es fundamental realizar una última revisión antes de proceder con la exportación. Es necesario verificar que los artículos cumplan con los criterios específicos del estudio. Esta revisión crítica permite asegurarse de que los contenidos estén alineados con los objetivos de la investigación. Para ello, se pueden aplicar los siguientes criterios:

- ***Relevancia temática:*** La relevancia temática se refiere a la adecuación de los artículos de investigación al problema o variable central de un estudio (Brunet, et al., 2025). Es decir, aunque algunos estudios puedan evidenciar relación por usar palabras clave similares, no siempre están vinculados al mismo enfoque o contexto. Por lo tanto, se debe garantiza que los artículos contribuyan de forma significativa a la pregunta o hipótesis de la investigación (Brunet, et al., 2025).
- ***Actualidad:*** Priorizar fuentes recientes, especialmente en áreas donde la producción evoluciona con rapidez. Como señala La-Cruz-Orbe et al. (2025) estudios recientes han puesto de relieve la productividad de autores e instituciones en la investigación de código abierto. En este sentido, es preferible trabajar con documentos publicados en los últimos cinco años, salvo cuando se trate de teorías fundacionales o estudios clásicos que siguen teniendo vigencia.
- ***Pertinencia metodológica:*** si el enfoque del trabajo es cuantitativo, no todos los estudios cualitativos serán apropiados (y viceversa), salvo que aporten un marco contextual enriquecedor.
- **Estrategias para validar fuentes**
- En conjunto con los criterios temáticos y metodológicos, es necesario validar la calidad de las fuentes consultadas. Esto implica revisar el origen de la publicación y el prestigio del documento. Algunas estrategias útiles son:
- ***Verificar la indexación de la revista:*** comprobar si la revista está incluida en bases de datos confiables como Web of Science y/o Scopus, principalmente. Dado que estas bases aplican criterios de calidad editorial que sirven como filtro esencial.
- ***Revisar el número de citas:*** En plataformas como Web of Science o Scopus, se puede acceder al número de citas un artículo. Aunque no es un criterio absoluto, puede ser un indicador de impacto en la comunidad académica.
- ***Analizar la afiliación de los autores:*** considerar si los autores están vinculados a universidades, centros de investigación u organismos reconocidos en su área.

6.7. Formatos comunes de exportación

Luego de la búsqueda y selección de la información pertinente, las bases de datos científicas permiten exportar los resultados en diversos formatos. Los formatos de exportación disponibles varían según la plataforma, pero en general las opciones más frecuentes son RIS y BibTeX, aunque también tenemos CSV, XML, entre otros.

Esta función es esencial para gestionar grandes volúmenes de referencias; facilita su organización en campos codificados (autor, título, año, revista, volumen, páginas, DOI, etc.) y permite ser interpretado en gestores bibliográficos como Zotero, EndNote, Mendeley, RefWorks o programas que permiten acciones avanzadas como Rayyan IA y/o Catchii.

RIS (Research Information Systems)

Los Sistemas de Información para la Investigación (RIS) son herramientas esenciales para gestionar y compartir la información científica, apoyando a investigadores, profesionales y responsables de la toma de decisiones con los datos necesarios para sus actividades (Azeroual et al., 2018).

Es uno de los formatos más utilizados y estandarizados para la exportación e importación de referencias bibliográficas entre bases de datos académicas y gestores de referencias., libros, capítulos y otros documentos académicos. Su uso se ha extendido ampliamente debido a su compatibilidad con numerosos gestores bibliográficos como Zotero, Mendeley, EndNote, RefWorks y Citavi, entre otros.

Gracias a su estructura organizada por etiquetas, el formato RIS permite una importación precisa de los datos relevantes de cada fuente sin pérdida de información.

¿Qué es el formato RIS?

Se trata de un archivo de texto plano que suelen utilizar modelos de datos normalizados, como el Formato Común Europeo de Información sobre Investigación (CERIF), para almacenar e intercambiar información sobre investigación, facilitando la exportación de datos de forma estructurada e interoperable (Fabre, et al., 2021).

A continuación, se presenta un ejemplo de una entrada en formato RIS correspondiente a un artículo de revista:

Tabla 6.1. Estructura de formato RIS

Código	Significado	Contenido en tu ejemplo
TY	Tipo de referencia	JOUR = Journal article (artículo de revista)
AU	Autor	Se listan todos los autores (uno por línea)
TI	Título del artículo	Keeping It Simple-Pain Science Education...
T2	Título de la revista (Journal Title)	Journal of Clinical Medicine
M3	Tipo de publicación	Article
AB	Resumen (Abstract)	Texto del resumen del artículo
PU	Editorial (Publisher)	MDPI
PI	Ciudad de la editorial (Place of Publication)	BASEL
PA	Dirección del editor	Dirección completa de MDPI en Suiza
SN	ISSN	2077-0383 (código único de la revista)
DA	Fecha (año y mes de publicación)	2025 FEB
PY	Año de publicación	2025
VL	Volumen	14
IS	Número de la revista (Issue)	3
C7	Número de artículo o página (Article number)	771
DO	DOI (Digital Object Identifier)	10.3390/jcm14030771
AN	Número de acceso en base de datos (ej. Web of Science)	WOS:001418677500001
AD	Dirección institucional de los autores	Se listan todas las afiliaciones institucionales
M2	Afiliación adicional / instituciones involucradas	Instituciones colaboradoras
Y2	Fecha de acceso o procesamiento del registro	2025-02-20
ER	Fin del registro	Marca el final de la entrada

***Nota:** Elaboración propia*

Ventajas del formato RIS:

- Estandarización: compatible con múltiples bases de datos y gestores.

- Precisión: conserva la integridad de los campos bibliográficos.
- Facilidad de edición: al ser un archivo de texto plano, puede editarse manualmente si es necesario.
- Interoperabilidad: permite migrar referencias entre diferentes plataformas sin pérdida de datos.

6.8. BibTeX

Es un formato ampliamente utilizado en entornos académicos y permite almacenar datos bibliográficos en un formato estructurado, que puede transformarse en diversas representaciones como XML, RDF u OWL (Alkhateeb, 2010). Este formato es utilizado para gestionar bibliografías en documentos con LaTeX. Permite almacenar referencias bibliográficas en archivos separados (bib), que luego pueden ser citadas dentro del documento principal mediante comandos específicos. Estructura básica de una entrada BibTeX del formato:

Tabla 6.2. Estructura formato BibTex

Código	Significado	Ejemplo
PMID	PubMed Identifier (Identificador único del artículo)	37821876
TI	Título del artículo	The effect of an app-based dietary intervention on diet-related greenhouse gas emissions – results from a randomized controlled trial.
AB	Resumen (Abstract)	BACKGROUND: Dietary change towards a diet low in greenhouse gas emissions (GHGEs)...
AU	Autor (Apellido e inicial del nombre)	Pitt S
FAU	Nombre completo del autor	Pitt, Stephanie
AD	Afiliación institucional del autor	Karolinska Institutet, Stockholm, Sweden
DP	Fecha de publicación	2023 Oct 11
VI	Volumen de la revista	20
IP	Número de la revista (Issue)	1
PG	Páginas o número de artículo	123
TA	Título abreviado de la revista	Int J Behav Nutr Phys Act

JT	Título completo de la revista	The International Journal of Behavioral Nutrition and Physical Activity
DOI / LID	Digital Object Identifier	10.1186/s12966-023-01523-0
MH	Términos MeSH (Medical Subject Headings)	*Greenhouse Gases, *Mobile Applications, Diet
PT	Tipo de publicación	Randomized Controlled Trial, Journal Article
SI	Identificador de registro clínico u otro vínculo	ClinicalTrials.gov/NCT03784612

Nota: Elaboración propia

Ventajas del uso de BibTeX:

- Automatiza el formato de citas en el texto y en la bibliografía final.
- Permite mantener la base de referencias separada del documento, ideal para proyectos largos o colaborativos.
- Facilita el cambio de estilo bibliográfico (APA, IEEE, Chicago, etc.) sin modificar manualmente cada referencia.
- Es compatible con gestores de referencias como Zotero, Mendeley o JabRef, que pueden exportar en formato BibTeX. Reduce errores de citación y aumenta la eficiencia al trabajar con grandes volúmenes de fuentes.

CSV (Comma-Separated Values)

Los valores separados por comas (CSV) son un formato habitual de almacenamiento de datos, especialmente para grandes conjuntos de datos (Adaszewski, 2014). Sin embargo, el manejo de archivos CSV de gran tamaño puede resultar complicado debido a los problemas de rendimiento de las bases de datos tradicionales.

XML

Es un formato flexible que puede representar estructuras de datos complejas y se utiliza a menudo para el intercambio de datos entre sistemas (Prabhune, et al., 2016). No suele utilizarse en investigaciones individuales, pero resulta adecuado para desarrolladores o en contextos que integran bases de datos con sistemas externos de análisis o visualización.

6.9. Extracción de formatos

RIS o BibTeX

- Extracción desde Scopus.
- Realizar la búsqueda con los términos clave y aplicar filtros si es necesario.
- Seleccionar resultados, marcar las casillas de los documentos que se desean exportar.

- Hacer clic en "Export" ubicado en la parte superior del listado de resultados.
- Elegir el formato "RIS" dentro del menú de exportación.
- Seleccionar campos a exportar: título, autores, resumen, palabras clave, DOI, etc.
- Descargar el archivo, el sistema generará un archivo. *ris* que podrá ser abierto o importado en el gestor bibliográfico de preferencia.

Figura 6.7. Opciones para exportan en Scopus

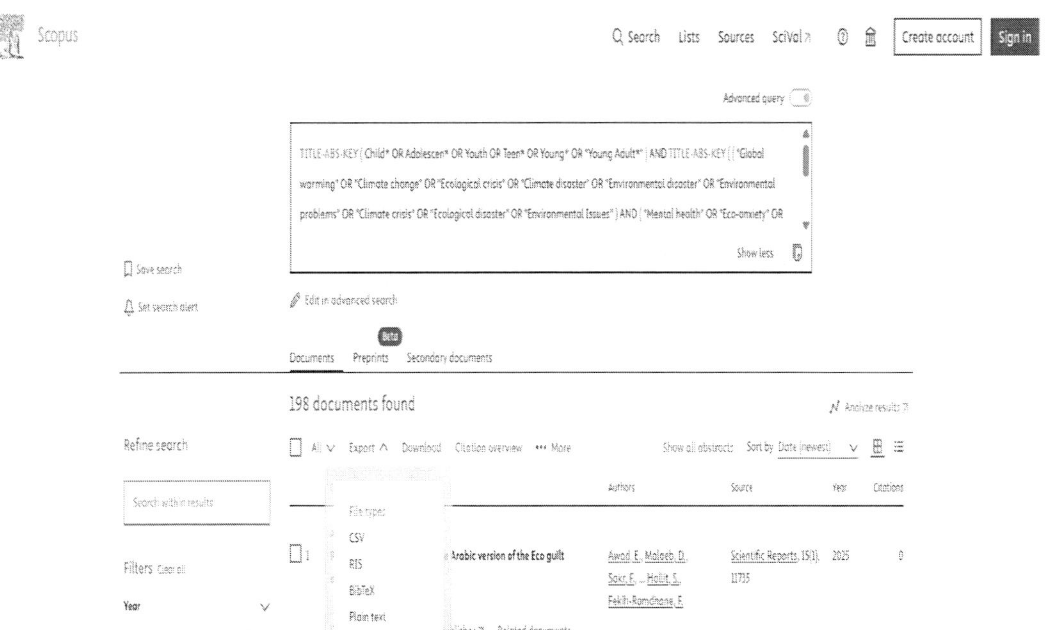

***Nota*:** Tomado de Scopus (https://scopus.puce.elogim.com/pages/home#basic).

Scopus permite exportar hasta 2.000 registros por sesión, lo cual es útil para revisiones sistemáticas o estudios bibliométricos.

6.10. Extracción desde Web of Science

- Buscar los términos de búsqueda y usar los filtros por fecha, tipo de documento, idioma, etc.
- Agregar a la "Marked List", marcar los documentos relevantes y añadirlos a la lista.
- Ir a "Marked List" desde el menú superior izquierdo, acceder a la lista de marcados.
- Seleccionar "Exportar".
- Elegir el formato RIS y definir qué información exportar en la ventana Export Records to RIS File (resumen, referencias citadas, etc.).
- Dar clic en Export y se guardar el archivo. ris generado.

Figura 6.8. Exportar en formato RIS en Web of Science

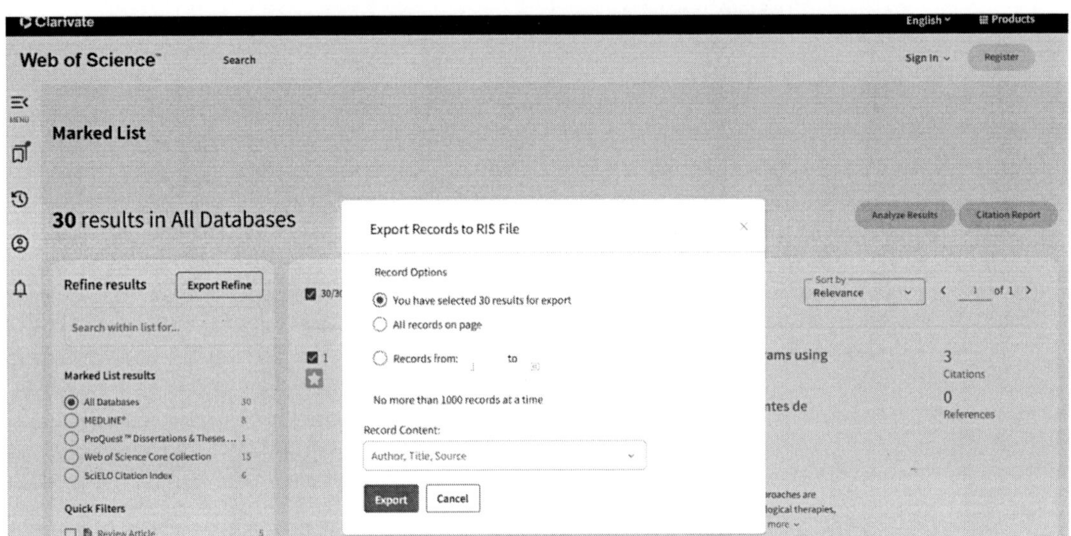

Nota: Tomado de Scopus https://www-webofscience-com.uniovi.idm.oclc.org/wos/woscc/basic-search).

Web of Science permite la exportación directa a gestores como EndNote Web, aunque el archivo RIS brinda mayor control sobre el proceso.

- Extracción desde PubMed
- Realizar la búsqueda simple o avanzada.
- Seleccionar artículos, marcar individualmente o por página los artículos deseados.
- Utilizar la función "Send to" para desplegar el menú (Clipboard, My Bibliography, Collections, Citation manager).
- Elegir "Citation Manager", para desplegar create a file for external citation management software.

- Seleccionar todos los resultados, los resultados de esta página o lo seleccionado.
- Dar clic crear carpeta (Create file) para exporta un archivo en formato. nbib, que puede ser interpretado como RIS por Zotero y otros gestores.

Figura 6.9. Exportar en formato BibTeX en PuMed

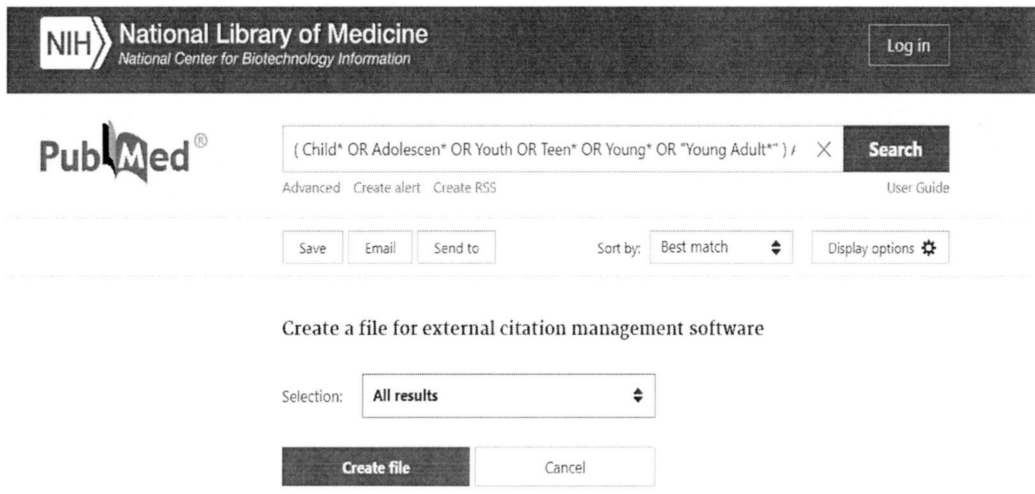

Nota: Tomado de Scopus (https://pubmed.ncbi.nlm.nih.gov//).

PubMed exporta directamente el archivo. nbib que es compatible con Zotero, EndNote, Mendeley y otros programas que lo interpretan correctamente.

6.11. Importar datos

Una vez que se ha extraído la información bibliográfica desde las bases de datos en formatos como RIS o BibTeX, se puede importar a las plataformas especializadas. Este proceso permite integrar, organizar, analizar y citar las referencias con mayor facilidad y eficiencia de la información bibliográfica (Mazov and Gureyev, 2023).

Los registros en formatos estándar como RIS o BibTeX desde bases de datos científicas, permiten cargarlos en gestores bibliográficos o plataformas. Estos formatos permiten importar los metadatos sin problemas a un software de revisión sistemática; ello es útil para los investigadores que desean agilizar el proceso de importación en herramientas como Rayyan y Catchii. (Pallath and Zhang, 2023)

Gestores bibliográficos tradicionales

Herramientas como Zotero, EndNote y Mendeley son ampliamente utilizadas para la gestión de estos datos bibliográficos (Tramullas, 2024).

El *proceso para su importación* generalmente es similar para cada gestor:

El investigador debe crear una colección o carpeta específica.

Luego, debe seleccionar la opción “Importar” o “Agregar archivo” desde este equipo.

Cargar el archivo RIS o BibTeX.

Verificar y corregir campos esenciales como título, autores, año y DOI.

Utilizar funciones internas para eliminar duplicados y añadir etiquetas o notas.

Plataformas para revisiones sistemáticas

Para revisiones sistemáticas, es ideal usar plataformas especializadas como **Rayyan** ia y/o **Catchii**, que integran herramientas que facilitan el trabajo colectivo. Estas plataformas están diseñadas principalmente para ayudar en las fases de selección de referencias de las revisiones sistemáticas. Adopta un enfoque minimalista, haciendo recaer la mayor parte de la carga logística y del flujo de trabajo en los propios usuarios (Kellermeyer et al., 2018).

Crear la revisión y cargar los archivos RIS y/o BibTeX.

La plataforma dispone de un sistema automático de trabajo (duplicado, filtros, etiquetas). Permite trabajar en modo colaborativo con decisiones de inclusión/exclusión.

Ventajas de usar plataformas especializadas

Gestionan duplicados eficazmente, evitando trabajo repetido.
Permiten revisar y etiquetar en grupo, acelerando el cribado.
Generan reportes de decisiones, semillas para crear flujo PRISMA.
Integran filtros por palabra clave (ej. PICO), facilitando la selección efectiva de registros.

6.12. Conclusión

La gestión adecuada de la información científica constituye un pilar fundamental para el desarrollo de investigaciones rigurosas. En un contexto caracterizado por la proliferación de publicaciones y recursos digitales, la utilización eficiente de bases de datos va más allá de búsquedas superficiales e implica el aprovechamiento estratégico de herramientas avanzadas: selección minuciosa, aplicación de filtros precisos, exportación en formatos apropiados e integración con gestores bibliográficos y programas de análisis.

En síntesis, la extracción e importación de datos desde bases de datos trasciende una labor mecánica al constituir una competencia investigativa que integra tecnología, pensamiento crítico y gestión documental. Este conocimiento resulta imprescindible para quienes aspiran a generar saberes sólidos, verificables y respaldados por evidencia.

6.13. Fuentes documentales

Adaszewski S. (2014). Mynodbcsv: lightweight zero-config database solution for handling very large CSV files. *PloS one*, *9*(7), e103319. https://doi.org/10.1371/journal.pone.0103319

Alkhateeb, F. (2010). *BibTeX document generating using semantic web technologies.* In *Proceedings of the 1st International Conference on Intelligent Semantic Web-Services and Applications (ISWSA '10)* (Article No. 2, pp. 1–6). ACM. https://doi.org/10.1145/1874590.1874592

Azeroual, O., Saake, G., and Wastl, J. (2018). *Data measurement in research information systems: Metrics for the evaluation of data quality. Scientometrics, 115*(2), 1271–1290. https://doi.org/10.1007/s11192-018-2735-5

Brunet, L., Fochler, M., Müller, R., and others. (2025). *Modes of relevance in research: Towards understanding the promises and possibilities of doing relevance. Minerva, 63*(2), 183–203. https://doi.org/10.1007/s11024-025-09585-z

Escobar Liquitay, C. M., Garegnani, L., Garrote, V., Solà, I., and Franco, J. V. (2023). Search strategies (filters) to identify systematic reviews in MEDLINE and Embase. *The Cochrane database of systematic reviews*, *9*(9), MR000054. https://doi.org/10.1002/14651858.MR000054.pub2

Fabre, R., Egret, D., Schöpfel, J., and Azeroual, O. (2021). *Evaluating the scientific impact of research infrastructures: The role of current research information systems. Quantitative Science Studies,* *2*(1), 42–64. https://doi.org/10.1162/qss_a_00111

Farooq, U., Nasir, A., and Khan, K. I. (2023). An assessment of the quality of the search strategy: A case of bibliometric studies published in business and economics. *Scientometrics, 128*(10), 4855–4874. https://doi.org/10.1007/s11192-023-04765-8

Frické, M. (2021). *Boolean logic. Knowledge Organization, 48*(2), 177–191. https://doi.org/10.5771/0943-7444-2021-2-177

Haferkorn, D., Kerth, C., Rodenbeck, R., and Schöbel, A. (2020). *Analysis of possible frameworks for a graphical query editor in a web application.* In *Disruptive*

Technologies in Information Sciences IV (Proc. SPIE 11419, 114190L). https://doi.org/10.1117/12.2558037

Kellermeyer, L., Harnke, B., and Knight, S. (2018). *Covidence and Rayyan. Journal of the Medical Library Association, 106*(4), 580–583. https://doi.org/10.5195/jmla.2018.513

La-Cruz-Orbe, S., Ramos-y-Yovera, S. E., Luperdi-Ríos, F. V., and Neri-Ayala, A. C. (2025). Latest research trends on open-source research. *Revista Científica De Sistemas E Informática*, *5*(1), e911. https://doi.org/10.51252/rcsi.v5i1.911

Liu, Z., Feng, J., Yang, Z., and Wang, L. (2021). Document Retrieval for Precision Medicine Using a Deep Learning Ensemble Method. *JMIR medical informatics*, *9*(6), e28272. https://doi.org/10.2196/28272

Manikandan, G., and Abirami, S. (2021). *An efficient feature selection framework based on information theory for high dimensional data. Applied Soft Computing, 111*, 107729. https://doi.org/10.1016/j.asoc.2021.107729

Mazov, N. A., and Gureyev, V. N. (2022). *Publication databases of research organizations as a tool for information studies. Scientific and Technical Information Processing, 49*(2), 108–118. https://doi.org/10.3103/S0147688222020071

Mazov, N. A., and Gureyev, V. N. (2023). *Open access bibliographic resources for maintaining a bibliographic database of research organization. Scientific and Technical Information Processing, 50*(3), [páginas si disponibles]. https://doi.org/10.3103/S0147688223030115

Pallath, A., and Zhang, Q. (2023). Paperfetcher: A tool to automate handsearching and citation searching for systematic reviews. *Research synthesis methods*, *14*(2), 323–335. https://doi.org/10.1002/jrsm.1604

Piñero Pérez, P.Y., Pérez Pupo, I., Piñero Ramírez, P.E., Marquez Ruiz, Y., Fustiel Alvarez, Y. (2022). Project Management Repository for Decision-Making Researches. In: Piñero Pérez, P.Y., Bello Pérez, R.E., Kacprzyk, J. (eds.) Artificial Intelligence in Project Management and Making Decisions. UCIENCIA 2021. Studies in Computational Intelligence, vol. 1035. Springer, Cham. https://doi.org/10.1007/978-3-030-97269-1_17

Prabhune, A., Ansari, H., Keshav, A., Stotzka, R., Gertz, M., and Hesser, J. (2016). *MetaStore: A metadata framework for scientific data repositories.* In *2016 IEEE*

International Conference on Big Data (Big Data) (pp. 3026–3035). IEEE. https://doi.org/10.1109/BigData.2016.7840956

Rafi, M., JianMing, Z. and Ahmad, K. (2019), "Evaluating the impact of digital library database resources on the productivity of academic research", Information Discovery and Delivery, Vol. 47 No. 1, pp. 42-52. https://doi.org/10.1108/IDD-07-2018-0025

Rosumeck, S., Wagner, M., Wallraf, S., and Euler, U. (2020). A validation study revealed differences in design and performance of search filters for qualitative research in PsycINFO and CINAHL. *Journal of clinical epidemiology*, *128*, 101–108. https://doi.org/10.1016/j.jclinepi.2020.09.031

Sánchez-Macián AMartínez JReviriego PLiu SLombardi F(2024)On the Privacy of the Count-Min Sketch: Extracting the Top-K ElementsIEEE Transactions on Emerging Topics in Computing10.1109/TETC.2024.338332112:4(1056-1065)Online https://doi.org/10.1109/TETC.2024.3383321

Shafiq, H., and Wani, Z. A. (2018). *Assessment of search interface of information retrieval systems: A case study of select academic databases*. In 2018 5th International Symposium on Emerging Trends and Technologies in Libraries and Information Services (ETTLIS) (pp. 45–53). IEEE. https://doi.org/10.1109/ETTLIS.2018.8485262

Tramullas, J. (2024). In *Encyclopedia of Libraries, Librarianship, and Information Science* (Vol. 2, pp. 121–126). Elsevier. https://doi.org/10.1016/B978-0-323-95689-5.00009-2

Wong, F.-M., and Lin, C.-M. (2025). Demographic determinants and research productivity implications of bibliographic database use among Taiwanese researchers. *Journal of Librarianship and Information Science*, *0*(0). https://doi.org/10.1177/09610006251318360

CAPÍTULO 7

Capítulo 7

Metaanálisis

Andrés Ramírez
Profesor de la Carrera de Psicología Clínica, Universidad Politécnica Salesiana, Cuenca, Ecuador.
aramirezc1@ups.edu.ec
https://orcid.org/0009-0007-3493-6519

Javier Herrero Diez
Profesor de Psicología
Universidad de Oviedo
herrero@uniovi.es
https://orcid.org/0000-0001-8950-1714

Luis Burgos-Benavides
Personal Docente Investigador, Universidad de Oviedo, Facultad de Psicología
Investigador del Centro de Investigación, Desarrollo e Innovación Educativa del Principado de Asturias (CIDIPA)
burgosluis@uniovi.es
https://orcid.org/0000-0002-1364-8995

Resumen

El séptimo capítulo examina la función de la investigación en red como estrategia para potenciar la cooperación académica y la transferencia de conocimiento a escala global. Se contextualiza en un escenario donde los desafíos contemporáneos requieren respuestas colectivas y multidisciplinares, imposibles de abordar desde una única institución o país. El objetivo del capítulo es mostrar cómo la creación de redes de investigación permite ampliar capacidades, compartir recursos, optimizar metodologías y alcanzar mayor visibilidad e impacto científico. La importancia de este análisis reside en evidenciar que las redes fortalecen la internacionalización universitaria y facilitan el desarrollo de proyectos de gran alcance en campos como salud, sostenibilidad, inclusión y digitalización. Entre los contenidos se destacan experiencias de colaboración interuniversitaria, el papel de los consorcios europeos e iberoamericanos, y el uso de plataformas digitales para la gestión de comunidades académicas. El capítulo concluye enfatizando que la investigación en red no solo potencia la excelencia científica, sino que también consolida una visión más solidaria y compartida del conocimiento, imprescindible para afrontar los retos del siglo XXI.

Palabras clave: redes de investigación, cooperación académica, internacionalización, transferencia de conocimiento, sostenibilidad

Abstract

The seventh chapter examines the role of networked research as a strategy to foster academic cooperation and global knowledge transfer. It is contextualized in a scenario where contemporary challenges require collective and multidisciplinary responses that cannot be addressed by a single institution or country. The main objective is to demonstrate how building research networks enhances capacities, shares resources, optimizes methodologies, and achieves greater visibility and scientific impact. The importance of this analysis lies in showing that networks strengthen university internationalization and facilitate the development of large-scale projects in fields such as health, sustainability, inclusion, and digitalization. Key contents include experiences of inter-university collaboration, the role of European and Ibero-American consortia, and the use of digital platforms for managing academic communities. The chapter concludes by emphasizing that networked research not only fosters scientific excellence but also consolidates a more collaborative and shared vision of knowledge, which is essential to face the challenges of the twenty-first century.

Keywords: research networks, academic cooperation, internationalization, knowledge transfer, sustainability

7.1. Contextualización

Este capítulo ha sido diseñado como una guía integral para estudiantes, investigadores y profesionales de la psicología y de las Ciencias Sociales, educativas y de la salud que deseen comprender y aplicar el metaanálisis con herramientas estadísticas modernas como Jamovi (Cooke et al., 2024), JASP (Berkhout et al., 2024) y R (Harrer et al., 2021). Su desarrollo responde a la creciente necesidad de contar con recursos accesibles, actualizados y orientados a la práctica que acompañen el auge de los métodos de síntesis cuantitativa en entornos académicos y clínicos.

El acceso a herramientas estadísticas como Jamovi y JASP ha evolucionado significativamente en los últimos años, facilitando el uso de técnicas sofisticadas sin necesidad de programación (Bartoš et al., 2022). Ambas plataformas gratuitas y de código abierto han democratizado el análisis de datos, permitiendo a investigadores de todo el mundo llevar a cabo metaanálisis con rigor metodológico y facilidad operativa (Gosling et al., 2023). Esta transformación ha abierto nuevas posibilidades para estudiantes y profesionales que antes dependían de software costoso o conocimientos avanzados en estadística computacional.

A través de una estructura progresiva, se abordan los fundamentos teóricos, los tipos de metaanálisis más utilizados, y se ofrecen ejemplos prácticos contextualizados en fenómenos psicológicos como la violencia. La obra busca no solo aportar rigor metodológico, sino también accesibilidad y aplicabilidad, integrando recursos visuales y recomendaciones actuales de buenas prácticas científicas.

Historia y evolución del metaanálisis

El metaanálisis nació como una respuesta metodológica a la necesidad de integrar cuantitativamente los resultados de estudios científicos que, aunque similares en objetivos, producían hallazgos dispares (Parums, 2021). Glass (1976) acuñó el término metaanálisis definiéndolo como el análisis de los análisis. Desde entonces, su aplicación se ha expandido desde la psicología educativa a disciplinas tan diversas como la medicina, la epidemiología y la economía (Dijkers et al., 2009). En psicología, su consolidación vino de la mano de Hunter and Schmidt (2004), quienes desarrollaron una perspectiva psicométrica para corregir errores sistemáticos y aleatorios.

El auge de las revisiones sistemáticas, durante las décadas de 1980 y 1990, exigió una estandarización de los métodos de síntesis (Egger et al., 2022). A ello contribuyó el surgimiento de guías como PRISMA (Preferred Reporting Items for Systematic Reviews and Meta-Analyses, Page et al., 2021) y el desarrollo de software estadístico accesible. Hoy en día, el metaanálisis no solo permite calcular un tamaño del efecto combinado, sino también explorar fuentes de heterogeneidad, moderadores y sesgos de publicación.

Principios estadísticos

En el corazón del metaanálisis se encuentra la estimación del tamaño del efecto, una medida de la magnitud del fenómeno de interés, como la diferencia de medias (d de Cohen), la correlación de Pearson (r), el log-odds ratio (logOR), o la proporción (p). Estas medidas permiten comparar estudios que utilizaron diferentes escalas o diseños (Borenstein et al., 2011).

El modelo de efectos fijos asume que todos los estudios comparten un tamaño del efecto verdadero, y que las diferencias entre ellos se deben únicamente al error muestral. Por el contrario, el modelo de efectos aleatorios considera que los estudios estiman diferentes efectos verdaderos, distribuidos alrededor de un promedio, debido a la heterogeneidad de contextos (DerSimonian and Laird, 1986). Este modelo se recomienda en la mayoría de los casos, ya que es esperable que la magnitud de los efectos varíe entre estudios debido a diferencias en las muestras, instrumentos o contextos clínicos.

Para evaluar esta heterogeneidad se emplean estadísticos como el **Q de Cochran** (que indica si la heterogeneidad es estadísticamente significativa), el **I^2** (que estima qué porcentaje de la variabilidad observada se debe a diferencias reales entre los estudios y no al azar), y el **Tau^2** (que cuantifica la varianza de los efectos verdaderos entre estudios) (Engels et al., 2000). Estos indicadores ayudan a decidir qué modelo es más adecuado y a interpretar la consistencia de los resultados.

Otro componente crítico del metaanálisis es el análisis del sesgo de publicación, es decir, la tendencia a publicar estudios con resultados significativos. Herramientas como el gráfico de embudo (funnel plot), el test de Egger y el método trim-and-fill son empleadas para identificar y corregir estos sesgos (Egger et al., 1997; Duval and Tweedie, 2000).

7.2. Metaanálisis de coeficientes de correlación

El metaanálisis de diferencias de medias, basado en el estadístico **d de Cohen**, se aplica cuando los estudios comparan dos grupos en una variable continua; ejemplo, como niveles de estrés postraumático en mujeres víctimas de violencia que recibieron intervención frente a las que no (Andrade, 2020). Este tipo de análisis parte de los datos brutos —medias, desviaciones estándar y tamaños muestrales de los grupos experimental y control—, a partir de los cuales se calcula un tamaño del efecto estandarizado.

Conviene aclarar que este procedimiento no constituye un tipo de metaanálisis completamente distinto del metaanálisis de tamaños del efecto con error estándar, sino que se sitúa en un nivel de análisis diferente. Mientras que el metaanálisis de diferencias de medias parte de los datos originales para calcular el tamaño del efecto (d de Cohen o g de Hedges), el enfoque genérico de “tamaño del efecto con error estándar” se utiliza cuando los estudios primarios ya reportan un tamaño de efecto calculado junto con su varianza o error estándar. En la práctica, ambos enfoques convergen en la misma lógica estadística: combinar estimaciones del efecto con un peso proporcional a su precisión.

En Jamovi, se selecciona la opción correspondiente a diferencias de medias dentro del módulo MAJOR y se introducen las medias, desviaciones estándar y tamaños muestrales de cada grupo. El modelo estima la diferencia promedio ponderada y ofrece un **forest plot** que facilita la interpretación visual de la magnitud y dirección del efecto (Lewis and Clarke, 2001).

En JASP, el procedimiento es similar: se carga el archivo, se elige el tipo de efecto estandarizado y se ajusta el modelo. En R, con el paquete meta, se emplea la función metacont, donde se especifican las medias y desviaciones estándar de los grupos experimental y control, así como sus tamaños, obteniendo estimaciones conjuntas y representación gráfica.

La elección del modelo de efectos aleatorios resulta la más recomendable en este contexto, ya que es razonable esperar que la verdadera magnitud de la diferencia de medias varíe entre estudios debido a factores como el contexto clínico, las características de las muestras o las condiciones de la intervención. El modelo aleatorio permite generalizar los resultados más allá de los estudios incluidos, ofreciendo una estimación más robusta y realista. Asimismo, para evaluar la heterogeneidad entre los estudios se emplean estadísticos como el **Q de Cochran** (que indica si las diferencias entre los estudios son mayores de lo esperado por azar), el **I^2** (que estima el porcentaje de variabilidad atribuible a diferencias reales entre estudios y no al error muestral) y el **Tau^2** (que cuantifica la varianza real de los efectos entre estudios). Incluir estos indicadores en los resultados fortalece la interpretación del metaanálisis y orienta la decisión sobre la idoneidad del modelo de efectos fijos o aleatorios.

7.3. Metaanálisis de diferencias de medias

El metaanálisis de diferencias de medias, basado en el estadístico **d de Cohen**, se aplica cuando los estudios comparan dos grupos en una variable continua, como niveles de estrés postraumático en mujeres víctimas de violencia que recibieron intervención frente a las que no (Andrade, 2020). Este tipo de análisis parte de los datos brutos -medias, desviaciones estándar y tamaños muestrales de los grupos experimental y control-, a partir de los cuales se calcula un tamaño del efecto estandarizado.

Conviene aclarar que este procedimiento no constituye un tipo de metaanálisis completamente distinto del metaanálisis de tamaños del efecto con error estándar, sino que se sitúa en un nivel de análisis diferente. Mientras que el metaanálisis de diferencias de medias parte de los datos originales para calcular el tamaño del efecto (d de Cohen o g de Hedges), el enfoque genérico de "tamaño del efecto con error estándar" se utiliza cuando los estudios primarios ya reportan un tamaño de efecto calculado, junto con su varianza o error estándar. En la práctica, ambos enfoques convergen en la misma lógica estadística: combinar estimaciones del efecto con un peso proporcional a su precisión.

En Jamovi, se selecciona la opción correspondiente a diferencias de medias dentro del módulo MAJOR y se introducen las medias, desviaciones estándar y tamaños muestrales de cada grupo. El modelo estima la diferencia promedio ponderada y ofrece un **forest plot** que facilita la interpretación visual de la magnitud y dirección del efecto (Lewis and Clarke, 2001).

En JASP, el procedimiento es similar: se carga el archivo, se elige el tipo de efecto estandarizado y se ajusta el modelo. En R, con el paquete meta, se emplea la función *metacont,* donde se especifican las medias y desviaciones estándar de los grupos experimental y control, así como sus tamaños, obteniendo estimaciones conjuntas y representación gráfica.

La elección del modelo de efectos aleatorios por norma general resulta lo más recomendable en todas las condiciones. Es teóricamente plausible asumir que el verdadero efecto de la asociación (o prevalencia) varía entre los estudios debido a diferencias metodológicas, contextuales y de las poblaciones muestreadas, una realidad común en las ciencias sociales y del comportamiento. En este caso es razonable esperar que la verdadera magnitud de la diferencia de medias varíe entre estudios debido a factores como el contexto clínico, las características de las muestras o las condiciones de la intervención. El modelo aleatorio permite generalizar los resultados más allá de los estudios incluidos, ofreciendo una estimación más robusta y realista.

Asimismo, para evaluar la heterogeneidad entre los estudios se emplean estadísticos como el **Q de Cochran** (que indica si las diferencias entre los estudios son mayores de lo esperado por azar), el **I^2** (que estima el porcentaje de variabilidad atribuible a diferencias reales entre estudios y no al error muestral) y el **Tau^2** (que cuantifica la varianza real de los efectos entre estudios).

Incluir estos indicadores en los resultados fortalece la interpretación del metaanálisis y orienta la decisión sobre la idoneidad del modelo de efectos fijos o aleatorios.

7.4. Metaanálisis de datos dicotómicos

Cuando las variables de interés son categóricas, como la presencia o ausencia de conductas violentas, se recurre al **metaanálisis de datos dicotómicos** (Fleiss and Berlin, 2009). Este tipo de análisis es especialmente útil en psicología para sintetizar medidas de asociación como el **odds ratio (razón de momios)** o el **riesgo relativo** entre dos grupos (Haddock et al., 1998). Por ejemplo, se puede evaluar si los adolescentes con antecedentes de victimización infantil tienen mayor probabilidad de ejercer violencia en sus relaciones de pareja en comparación con aquellos que no han sido víctimas.

Cada estudio aporta una tabla de contingencia con frecuencias de ocurrencia y no ocurrencia del evento en ambos grupos, y el metaanálisis permite combinar estos resultados para estimar un efecto global con mayor poder estadístico y precisión. Esta técnica también se aplica en contextos clínicos para examinar la eficacia de intervenciones terapéuticas en la reducción de conductas agresivas o la asociación entre exposición a violencia y aparición de síntomas clínicos, como depresión o ideación suicida.

El metaanálisis de datos dicotómicos en **Jamovi** se realiza desde el módulo MAJOR. El procedimiento consiste en importar una base de datos que contenga, para cada estudio, el número de eventos y no eventos en los grupos de comparación; por ejemplo, si se compara un grupo con historia de abuso (grupo expuesto) frente a uno sin dicha historia (grupo control), se deben especificar los eventos (número de adolescentes que ejercen violencia) y los no eventos (los que no lo hacen) para cada grupo. En MAJOR se selecciona *Meta-analysis* y luego *Dichotomous Data*. Se asignan las variables a las casillas correspondientes: eventos grupo 1, total grupo 1, eventos grupo 2, total grupo 2.

El software calculará automáticamente el odds ratio o el riesgo relativo combinado, sus intervalos de confianza al 95%, y medidas de heterogeneidad (Higgins, Thompson, Deeks, and Altman, 2003). como el **Q de Cochran** (que evalúa si la heterogeneidad observada es estadísticamente significativa), el **I^2** (que estima el porcentaje de variabilidad real entre estudios más allá del azar) y el **Tau^2** (que cuantifica la varianza de los efectos verdaderos entre estudios). Además, se genera un **forest plot** que permite visualizar el tamaño y la dirección del efecto en cada estudio. Este procedimiento es útil, por ejemplo, para determinar si las adolescentes que han sufrido violencia sexual tienen una probabilidad significativamente mayor de desarrollar conductas de agresión física hacia sus parejas.

En **JASP**, el procedimiento es equivalente. Tras activar el módulo *Meta-Analysis*, el usuario selecciona la opción para datos binarios e importa un archivo que contenga las frecuencias en cada celda de la tabla 2x2: eventos y no eventos en ambos grupos. En la ventana de análisis se arrastran las columnas correspondientes a los campos de tratamiento y control, y se elige la medida de asociación deseada (odds ratio o riesgo relativo). También se puede seleccionar entre modelos de efectos fijos o aleatorios.

En este punto, es importante justificar que, en la mayoría de los casos, resulta más adecuado aplicar un **modelo de efectos aleatorios**, ya que es esperable que la verdadera magnitud de la asociación varíe entre estudios debido a diferencias en las características de las muestras, contextos culturales y clínicos, o instrumentos de medición empleados. Este enfoque permite generalizar los resultados más allá de los estudios analizados, ofreciendo estimaciones más sólidas y realistas.

R ofrece un enfoque más flexible mediante el paquete meta, especialmente con la función *metabin.* Esta permite sintetizar tablas de 2x2 especificando los eventos y totales por grupo. Por ejemplo, si se dispone de las variables *event.e* (eventos en el grupo experimental), *n.e* (total experimental), *event.c* (eventos en el grupo control) y *n.c* (total control), el análisis se ejecuta con:

```
metabin (event.e, n.e, event.c, n.c, data = datos, sm = "OR", method = "Random")
```

- El argumento sm = "OR" indica que la medida de síntesis será el **odds ratio**, aunque también puede definirse como "RR" para el riesgo relativo.
- El argumento method = "Random" especifica que se ajustará un modelo de efectos aleatorios, recomendado para capturar la heterogeneidad real entre estudios.

Con este modelo, se puede generar un **forest plot** con forest(modelo) y un análisis gráfico del sesgo de publicación mediante funnel(modelo). En este último caso, si se utiliza la función escalc(measure="PFT"), conviene aclarar que "PFT" corresponde a la transformación de **Freeman-Tukey**, diseñada para estabilizar la varianza en proporciones extremas.

Esta metodología resulta especialmente útil cuando se analizan programas psicoeducativos para reducir el comportamiento violento en hombres agresores con y sin intervención terapéutica, o estudios sobre la prevalencia de ideación suicida en niños testigos de violencia doméstica frente a aquellos que no lo han sido. Además, **R permite introducir moderadores** (por ejemplo, duración de la intervención, tipo de terapia, edad media de los participantes) mediante modelos de meta-regresión, ampliando así la capacidad explicativa de los resultados.

En síntesis, el metaanálisis de datos dicotómicos permite a los psicólogos clínicos, investigadores y responsables de políticas públicas no solo estimar la fuerza de la asociación entre la exposición y la conducta violenta, sino también identificar patrones consistentes y diferencias claras entre grupos de riesgo y control. Gracias a herramientas como Jamovi, JASP y R, es posible realizar este tipo de análisis con rigor metodológico, accesibilidad y potencia interpretativa, contribuyendo a un enfoque basado en evidencia sólida para fenómenos clínicos sensibles como la violencia interpersonal.

7.5. Metaanálisis de proporciones

El metaanálisis de proporciones (Lin and Chu, 2020) es una herramienta estadística fundamental en psicología, especialmente útil cuando se desea sintetizar datos de prevalencia obtenidos en múltiples estudios. Este tipo de metaanálisis permite estimar una proporción global ponderada, como por ejemplo la prevalencia de adolescentes que han sido víctimas de violencia psicológica, el porcentaje de mujeres que presentan síntomas de estrés postraumático tras violencia conyugal, o la frecuencia de conductas agresivas reportadas en relaciones de pareja.

La utilidad clínica de este procedimiento radica en que permite establecer estimaciones poblacionales más precisas sobre fenómenos críticos que orientan el diseño de políticas públicas, intervenciones clínicas y prevención. Por ejemplo, si distintos estudios reportan que entre un 25% y un 60% de mujeres que acuden a servicios psicológicos han experimentado violencia emocional en el último año, un metaanálisis de proporciones permitirá establecer una prevalencia combinada con intervalo de confianza ajustado, detectando también si existe heterogeneidad significativa entre las muestras (Barendregt et al., 2013).

En Jamovi, el metaanálisis de proporciones puede ejecutarse fácilmente dentro del módulo *MAJOR*. El procedimiento comienza abriendo Jamovi y asegurándose de que *MAJOR* esté instalado desde la biblioteca de módulos. Luego, se importa el archivo de datos con dos columnas clave: una con el número de eventos (por ejemplo, número de mujeres que reportaron haber sufrido violencia) y otra con el total de participantes del estudio (tamaño muestral) (Burgos-Benavides et al., 2024).

A continuación, se accede a la pestaña *MAJOR*, se selecciona *Meta-analysis*, y dentro de esta sección se elige *Proportions*. Se arrastran las variables correspondientes a *Events* y *Total sample*, y se selecciona el modelo de efectos aleatorios para ajustar posibles diferencias entre estudios.

Al correr el análisis, se obtiene la proporción global, el intervalo de confianza del 95%, medidas de heterogeneidad como el I^2 y el Q, y un *forest plot,* que visualiza las proporciones individuales y su peso relativo. Por ejemplo, si se analizan 15 estudios sobre la proporción de adolescentes que han sufrido ciberacoso psicológico en el contexto escolar, este análisis permitirá estimar la prevalencia combinada ajustada, crucial para orientar programas de intervención preventiva.

En JASP, también es posible realizar este tipo de análisis desde el módulo *Meta-Analysis*. El usuario importa el archivo que contiene las columnas de eventos y tamaños muestrales, activa el módulo desde el menú *Modules*, y accede a la opción *Proportions* dentro de *Meta-Analysis*. Se arrastran las columnas correspondientes a *Events* y *Sample size* y se selecciona el modelo adecuado.

Además, JASP permite aplicar transformaciones estadísticas como *logit* o *arcsin* (frecuentemente usadas para estabilizar la varianza en proporciones cercanas a 0 o 1), lo que mejora la normalidad de la distribución y la precisión del análisis. Estas transformaciones son especialmente relevantes cuando se estudian fenómenos clínicos poco frecuentes, como la prevalencia de autolesiones asociadas a exposición crónica a violencia sexual infantil.

JASP también ofrece herramientas visuales como el *forest plot* y el *funnel plot*, y calcula automáticamente las medidas de heterogeneidad. Este enfoque puede ser útil para analizar, por ejemplo, la proporción de mujeres que han requerido atención psicológica de emergencia tras situaciones de violencia física severa en un contexto hospitalario.

En R, el análisis de proporciones puede realizarse con gran flexibilidad utilizando el paquete *metafor*. El procedimiento comienza cargando el paquete con *library(metafor)* e importando los datos con las columnas de eventos y totales. Se transforma la proporción usando la función *escalc (measure = "PFT", xi = eventos, ni = total, data = datos)*, que convierte los datos a la escala de proporciones ajustadas.

Luego, se utiliza la función *rma (yi, vi, data = datos, method = "REML")* para calcular la estimación global. Este modelo devuelve la proporción combinada con su intervalo de confianza, así como las medidas de heterogeneidad. También pueden generarse gráficos como el *forest plot con forest(modelo) y el funnel plot con funnel(modelo)*.

Por ejemplo, si se analizan estudios que reportan la proporción de varones adolescentes que han ejercido control coercitivo sobre sus parejas, el análisis en R permitirá determinar la magnitud de este fenómeno con precisión, lo que resulta útil para campañas de sensibilización y formación en relaciones saludables. Además, R permite introducir variables moderadoras, como la edad media, el país, o el tipo de instrumento usado, ampliando así la comprensión del contexto donde se producen estas prevalencias.

El metaanálisis de proporciones permite a los profesionales de la psicología contar con datos epidemiológicos sólidos y actualizados para la toma de decisiones. En la formulación de programas de intervención, el diseño de escalas de tamizaje o el monitoreo de indicadores de salud mental.

Esta técnica proporciona un respaldo estadístico que integra múltiples fuentes de evidencia. Gracias a herramientas como Jamovi, JASP y R, los analistas pueden realizar estos estudios de manera rigurosa, visual, reproducible y adaptada a fenómenos psicológicos complejos como la violencia, el trauma y las secuelas emocionales en poblaciones vulnerables.

No obstante, se suele sugerir otro tipo de transformaciones específicas para coeficientes de fiabilidad. Una opción es la transformación de Bonett (2002), que normaliza la distribución del logaritmo del estimador de alfa. Sin embargo, para fines pedagógicos, sería más sencillo y robusto recomendar el uso de paquetes especializados como psychmeta para este tipo de análisis, o centrar el ejemplo en metafor con un efecto genérico, explicando que el usuario debe proveer el coeficiente transformado y su varianza calculada externamente.

7.6. Metaanálisis de fiabilidad

El **metaanálisis de coeficientes de fiabilidad** constituye una aplicación específica y de gran relevancia en psicología y educación, ya que permite sintetizar la consistencia interna de instrumentos de medida utilizados en distintos contextos y poblaciones (Bonett, 2002). Al igual que ocurre con los tamaños del efecto, los índices de fiabilidad como el **α de Cronbach**, el **coeficiente Omega** o la **fiabilidad test–retest** pueden variar considerablemente entre estudios, no solo por las características de las muestras, sino también por las condiciones de aplicación y la calidad psicométrica de los ítems.

La necesidad de un metaanálisis en este ámbito surge del hecho de que un solo estudio raramente ofrece una estimación precisa de la fiabilidad de un instrumento. Al integrar resultados de múltiples investigaciones, el metaanálisis permite obtener una estimación global más robusta y generalizable, que además puede orientar decisiones sobre la validez de un test para su uso en determinadas poblaciones.

Desde un punto de vista estadístico, la síntesis de coeficientes de fiabilidad plantea retos particulares. Por ejemplo, el α de Cronbach no sigue una distribución normal, lo que dificulta su interpretación directa en un metaanálisis. Por esta razón, se recomienda aplicar transformaciones estadísticas, como la transformación de Bonett (2002), que estabiliza la varianza y mejora la aproximación a la normalidad antes de realizar los cálculos combinados. Una vez realizada la síntesis, los resultados transformados se convierten nuevamente a los coeficientes originales para su interpretación práctica.

En **Jamovi**, el módulo MAJOR permite introducir los coeficientes de fiabilidad reportados por diferentes estudios junto con el tamaño muestral correspondiente, para calcular un estimado conjunto ponderado. La ponderación por tamaño de muestra es crucial, ya que estudios con pocos participantes tienden a proporcionar estimaciones inestables de fiabilidad.

En **R**, con el paquete metafor, el procedimiento típico consiste en utilizar la función escalar para calcular el error estándar de los coeficientes de fiabilidad transformados, y luego aplicar un modelo de metaanálisis (fijo o aleatorio) mediante rma. Por ejemplo:

```
datos$yi <- escalc(measure = "ZR", ri = alpha, ni = n, data = datos)$yi
modelo <- rma(yi, vi, data = datos, method = "REML")
```

En este caso, "ZR" corresponde a la transformación z de Fisher adaptada a coeficientes de correlación, aplicable también a la consistencia interna. El modelo estima un coeficiente promedio ajustado por el tamaño muestral y la varianza entre estudios.

Al igual que en otros tipos de metaanálisis, la heterogeneidad entre coeficientes de fiabilidad debe ser evaluada con estadísticos como Q, I^2 y Tau^2. Un alto grado de heterogeneidad puede indicar que el instrumento presenta diferentes niveles de consistencia en función del contexto de aplicación, lo cual ofrece información relevante sobre su validez transcultural o sobre la necesidad de revisar sus ítems. En síntesis, el metaanálisis de fiabilidad aporta un valor añadido al estudio psicométrico de los instrumentos al ofrecer una visión más precisa, integradora y generalizable de su desempeño. Su aplicación resulta especialmente útil en la validación de cuestionarios de violencia, escalas de resiliencia, o tests de ansiedad y depresión en poblaciones clínicas y educativas.

En conclusión, los distintos tipos de metaanálisis (Egger et al., 2022) responden a necesidades específicas de síntesis según el tipo de dato disponible, ya sean correlaciones, proporciones, medidas de fiabilidad o datos dicotómicos. Cada uno de estos modelos ofrece ventajas analíticas que permiten responder a preguntas clave en la investigación psicológica, especialmente en áreas sensibles como la violencia interpersonal, la victimización y la efectividad de intervenciones clínicas. Herramientas como Jamovi (Cooke et al., 2024) y JASP (Berkhout et al., 2024) ofrecen soluciones gráficas accesibles, visuales y amigables para usuarios menos experimentados, facilitando la exploración inicial de los datos y la generación de resultados comprensibles.

Por su parte, R brinda un control más profundo y flexible del análisis, permitiendo incorporar moderadores, realizar análisis multivariados, ajustar modelos personalizados y automatizar flujos de trabajo reproducibles (Borenstein et al., 2009; Harrer et al., 2021). En el estudio de la violencia, la correcta elección del modelo de metaanálisis y el dominio de estas herramientas permite integrar con rigurosidad científica los hallazgos empíricos, estimar efectos robustos y generalizables, y generar conocimiento útil para fundamentar programas de intervención psicológica, validar instrumentos diagnósticos y orientar políticas públicas basadas en evidencia sólida, con un impacto directo en la atención clínica, la prevención y la protección de poblaciones vulnerables.

7.7. Limitaciones, desafíos y proyecciones

Aunque el metaanálisis constituye una de las herramientas más poderosas para sintetizar evidencia científica, su aplicación no está exenta de limitaciones y desafíos. Reconocerlos resulta esencial para interpretar adecuadamente los resultados y planificar futuras investigaciones.

Una primera limitación radica en la **calidad de los estudios primarios incluidos**. Un metaanálisis no puede ser más sólido que los datos en los que se apoya; si la mayoría de los estudios presentan sesgos metodológicos, errores de medida o tamaños muestrales reducidos, las conclusiones serán necesariamente débiles (Ioannidis, 2016). Por ello, es recomendable realizar evaluaciones de calidad y riesgo de sesgo antes de proceder a la síntesis cuantitativa.

Otro desafío importante es el **sesgo de publicación**, es decir, la tendencia a que se publiquen con mayor frecuencia estudios que encuentran resultados significativos. Este fenómeno distorsiona las estimaciones globales y puede generar conclusiones infladas respecto al verdadero efecto. Para afrontarlo, se han desarrollado estrategias como los gráficos de embudo, el test de Egger, el método trim-and-fill y la búsqueda de literatura gris en repositorios y bases de datos no convencionales (Rothstein et al., 2005).

La **heterogeneidad entre los estudios** representa otra dificultad crítica. Factores como las diferencias en la población de estudio, los instrumentos de medida, la duración de las intervenciones o los contextos culturales pueden generar variaciones sustanciales en los tamaños del efecto. Si bien el modelo de efectos aleatorios ayuda a captar esta variabilidad, es igualmente necesario explorar posibles moderadores mediante meta-regresión o análisis de subgrupos, de modo que se identifiquen las condiciones bajo las cuales los efectos son más fuertes o más débiles.

Desde una perspectiva práctica, otro desafío consiste en la **curva de aprendizaje del investigador**. Aunque herramientas como Jamovi y JASP han simplificado los procedimientos técnicos, la correcta interpretación de los resultados exige conocimientos sólidos de estadística y metodología. Existe el riesgo de que algunos usuarios interpreten los forest plots o los valores de heterogeneidad sin la suficiente formación, lo que puede llevar a conclusiones erróneas. Por esta razón, se recomienda combinar el uso de software accesible con procesos de capacitación continua y trabajo colaborativo en equipos multidisciplinares.

En cuanto a las **proyecciones futuras**, el metaanálisis se está viendo potenciado por la integración de nuevas tecnologías. La **inteligencia artificial y el aprendizaje automático** están empezando a emplearse para automatizar la búsqueda, selección y codificación de estudios primarios, lo que permitirá manejar volúmenes crecientes de literatura científica con mayor rapidez y precisión (Marshall and Wallace, 2019). También es posible considerar análisis más complejos como el metaanálisis Multivariado/Multinivel, útiles en Ciencias Sociales para manejar estudios que reportan múltiples tamaños del efecto (Cheung, 2015), *Meta-Analysis: A Structural Equation Modeling Approach*). Al mismo tiempo, se abren desafíos éticos relacionados con la transparencia de los algoritmos, la reproducibilidad de los análisis y la necesidad de mantener la supervisión humana en el proceso de síntesis de evidencia.

Por último, el metaanálisis debe concebirse no como una técnica aislada, sino como parte de un **ecosistema de investigación abierta y colaborativa**, en el que la transparencia, la reproducibilidad y el acceso a los datos primarios constituyen pilares fundamentales (Munafò et al., 2017). Avanzar hacia una ciencia más integradora y responsable permitirá que los metaanálisis sean herramientas no solo de síntesis, sino también de transformación social en áreas sensibles como la violencia interpersonal, la salud mental y la educación.

7.8. Fuentes documentales

Alfaro-Urquiola, A. L., Burgos-Benavides, L., Ramírez, A., Herrero, F. J., and Rodríguez-Díaz, F. J. (2024). *Assessing face-to-face dating violence in Ibero-America: Systematic review and meta-analysis of measurement instruments.* Revista Latinoamericana de Psicología, 56, 282–297. https://doi.org/10.14349/rlp.2024.v56.28

Andrade, C. (2020). Mean difference, standardized mean difference (SMD), and their use in meta-analysis: as simple as it gets. *The Journal of clinical psychiatry*, *81*(5), 11349.

Barendregt, J. J., Doi, S. A., Lee, Y. Y., Norman, R. E., and Vos, T. (2013). Meta-analysis of prevalence. *J epidemiol community health*, *67*(11), 974-978. https://doi.org/10.1136/jech-2013-203104

Bartoš F, Maier M, Quintana DS, Wagenmakers E-J. (2022). Adjusting for Publication Bias in JASP and R: Selection Models, PET-PEESE, and Robust Bayesian Meta-Analysis. Advances in Methods and Practices in Psychological Science, 5(3). https://doi.org/10.1177/25152459221109259

Berkhout, S. W., Haaf, J. M., Gronau, Q. F., Heck, D. W., and Wagenmakers, E. J. (2024). A tutorial on Bayesian model-averaged meta-analysis in JASP. *Behavior Research Methods*, 56(3), 1260-1282. https://doi.org/10.3758/s13428-023-02093-6

Bonett, D. G. (2002). Sample size requirements for testing and estimating coefficient alpha. *Journal of Educational and Behavioral Statistics, 27*(4), 335–340. https://doi.org/10.3102/10769986027004335

Borenstein, M., Hedges, L. V., Higgins, J. P. T., and Rothstein, H. R. (2009). *Introduction to Meta-Analysis.* John Wiley and Sons. https://doi.org/10.1002/9780470743386

Borenstein, M., Hedges, L. V., Higgins, J. P. T., and Rothstein, H. R. (2011). *Introduction to Meta-Analysis*. Chichester: Wiley.

Brydges, C. R. (2019). Effect size guidelines, sample size calculations, and statistical power in gerontology. *Innovation in aging*, *3*(4), igz036. https://doi.org/10.1093/geroni/igz036

Burgos-Benavides, L., Cano-Lozano, M.C., Ramírez, A., Contreras, L., and Rodríguez-Díaz, F.J. (2024). To what extent is child-to-parent violence known in Latin America? A systematic review and meta-analysis. *Revista Iberoamericana de Psicología y Salud*, *15*(2), 80-95. https://doi.org/10.23923/j.rips.2024.02.078

Burgos-Benavides, L., Cano-Lozano, M. C., Ramírez, A., and Rodríguez-Díaz, F. J. (2023). Instruments of Child-to-Parent Violence: Systematic Review and Meta-

Analysis. *Healthcare*, *11*(24), 3192. https://doi.org/10.3390/healthcare11243192

Cheung, (2015). , *Meta-Analysis: A Structural Equation Modeling Approach*. Wiley DOI: 10.1002/9781118957813

Cooke, R. (2024). Using jamovi to Conduct Meta-Analyses. In *Meta-Analysis for Psychologists* (pp. 91-98). Cham: Springer Nature Switzerland. https://doi.org/10.1007/978-3-031-73773-2_8

DerSimonian, R., and Laird, N. (1986). Meta-analysis in clinical trials. *Controlled Clinical Trials, 7*(3), 177–188. https://doi.org/10.1016/0197-2456(86)90046-2

Dijkers, M. P., and Task Force on Systematic Reviews and Guidelines (2009). The value of traditional reviews in the era of systematic reviewing. *American journal of physical medicine and rehabilitation*, 88(5), 423–430. https://doi.org/10.1097/phm.0b013e31819c59c6

Duval, S., and Tweedie, R. (2000). Trim and fill: A simple funnel-plot–based method of testing and adjusting for publication bias in meta-analysis. *Biometrics, 56*(2), 455–463. https://doi.org/10.1111/j.0006-341X.2000.00455.x

Egger, M., Davey Smith, G., Schneider, M., and Minder, C. (1997). Bias in meta-analysis detected by a simple, graphical test. *BMJ, 315*(7109), 629–634. https://doi.org/10.1136/bmj.315.7109.629

Egger, M., Higgins, J. P., and Smith, G. D. (2022). *Systematic Reviews in Health Research*. Wiley. https://doi.org/10.1002/9781119099369

Engels, E. A., Schmid, C. H., Terrin, N., Olkin, I., and Lau, J. (2000). Heterogeneity and statistical significance in meta-analysis: an empirical study of 125 meta-analyses. *Statistics in medicine*, *19*(13), 1707-1728. https://doi.org/10.1002/1097-0258(20000715)19:13<1707::AID-SIM491>3.0.CO;2-P

Field, A. P. (2001). Meta-analysis of correlation coefficients: A Monte Carlo comparison of fixed- and random-effects methods. *Psychological Methods*, *6*(2), 161–180. https://doi.org/10.1037/1082-989X.6.2.161

Fleiss, J. L., and Berlin, J. A. (2009). Effect sizes for dichotomous data. *The handbook of research synthesis and meta-analysis*, 2, 237-53.

Glass, G. V. (1976). Primary, secondary, and meta-analysis of research. *Educational Researcher, 5*(10), 3–8. https://doi.org/10.3102/0013189X005010003

Go, E. J., Zang, Y. S., and Kim, K. E. (2019). Meta-Analysis Study on the Correlation Between School and Domestic Violence. *Korean Journal of Child Education and Care*, *19*(3), 1-12. https://doi.org/10.21213/kjcec.2019.19.3.1

Gosling, C. J., Solanes, A., Fusar-Poli, P., and Radua, J. (2023). Metaumbrella: the first comprehensive suite to perform data analysis in umbrella reviews with stratification of the evidence. *BMJ Ment Health*, *26*(1). https://doi.org/10.1136/bmjment-2022-300534

Harrer, M., Cuijpers, P., Furukawa, T. A., and Ebert, D. D. (2021). *Doing Meta-Analysis with R: A Hands-On Guide*. Chapman and Hall/CRC Press. https://bookdown.org/MathiasHarrer/Doing_Meta_Analysis_in_R/

Haddock, C. K., Rindskopf, D., and Shadish, W. R. (1998). Using odds ratios as effect sizes for meta-analysis of dichotomous data: a primer on methods and issues. *Psychological methods*, *3*(3), 339. https://psycnet.apa.org/buy/1998-10231-005

Hedges, L. V., and Olkin, I. (1985). *Statistical Methods for Meta-Analysis*. Academic Press.

Hunter, J. E., and Schmidt, F. L. (2004). *Methods of Meta-Analysis: Correcting Error and Bias in Research Findings* (2nd ed.). SAGE Publications.

Lewis, S., and Clarke, M. (2001). Forest plots: trying to see the wood and the trees. *Bmj*, *322*(7300), 1479-1480. https://doi.org/10.1136/bmj.322.7300.1479

Lin, L., and Aloe, A. M. (2021). Evaluation of various estimators for standardized mean difference in meta-analysis. *Statistics in medicine*, *40*(2), 403-426. https://doi.org/10.1002/sim.8781

Lin, L., and Chu, H. (2020). Meta-analysis of proportions using generalized linear mixed models. *Epidemiology*, *31*(5), 713 717. https://doi.org/10.1097/EDE.0000000000001232

López, D. P., López-Nicolás, R., López-López, R., Puente-López, E., and Ruiz-Hernández, J. A. (2022). Association between attitudes toward violence and violent behavior in the school context: A systematic review and correlational meta-analysis. *International journal of clinical and health psychology*, *22*(1), 100278. https://doi.org/10.1016/j.ijchp.2021.100278

Page, M. J., McKenzie, J. E., Bossuyt, P. M., Boutron, I., Hoffmann, T. C., Mulrow, C. D., Shamseer, L., Tetzlaff, J. M., Akl, E. A., Brennan, S. E., Chou, R., Glanville, J., Grimshaw, J. M., Hróbjartsson, A., Lalu, M. M., Li, T., Loder, E. W., Mayo-Wilson, E., McDonald, S., McGuinness, L. A., ... Moher, D. (2021). The PRISMA 2020 statement: an updated guideline for reporting systematic reviews. *BMJ (Clinical research ed.)*, *372*, n71. https://doi.org/10.1136/bmj.n71

Parums D. V. (2021). Editorial: Review Articles, Systematic Reviews, Meta-Analysis, and the Updated Preferred Reporting Items for Systematic Reviews and Meta-Analyses (PRISMA) 2020 Guidelines. Medical science monitor: international medical journal of experimental and clinical research, 27, e934475. https://doi.org/10.12659/MSM.934475

Ramírez, A., Burgos-Benavides, L., Sinchi-Sinchi, H., Herrero Díez, J., and Rodríguez-Díaz, F. J. (2025). Psychometric Properties of Instruments for Perpetration and Victimization of Dating Violence in Young People: Systematic Review and Meta-Analysis. *European Journal of Investigation in Health, Psychology and Education*, *15*(4), 44. https://doi.org/10.3390/ejihpe15040044

Scherpenzeel, A. C., and Saris, W. E. (1997). The validity and reliability of survey questions: A meta-analysis of MTMM studies. *Sociological Methods and Research*, *25*(3), 341-383. https://doi.org/10.1177/0049124197025003004

Taylor, J. M., and Alanazi, S. (2023). Cohen's and Hedges'g. *Journal of Nursing Education*, *62*(5), 316-317. https://doi.org/10.3928/01484834-20230415-02

Thorsteinson, T. J. (2018). A meta-analysis of interview length on reliability and validity. *Journal of Occupational and Organizational Psychology*, *91*(1), 1-32.

Tipton, E., and Pustejovsky, J. E. (2015). Small-sample adjustments for tests of moderators and model fit using robust variance estimation in meta-regression. *Journal of Educational and Behavioral Statistics, 40*(6), 604–634. https://doi.org/10.3102/1076998615606099

Viechtbauer, W. (2010). Conducting meta-analyses in R with the metafor package. *Journal of statistical software*, *36*, 1-48. https://doi.org/10.18637/jss.v036.i03

Zhang, Q. (2024). Meta-analysis of correlation coefficients: A cautionary tale on treating measurement error. *Psychological Methods*, *29*(2), 308–330. https://doi.org/10.1037/met0000498

Epílogo 8

Disquisiciones metodológicas en la Práctica Investigadora

Epílogo 8

Disquisiciones metodológicas en la práctica investigadora

Emilio Álvarez-Arregui
Catedrático de Didáctica y Organización
Universidad de Oviedo
alvarezemilio@uniovi.es
https://orcid.org/0000-0002-4657-753X

Francisco Javier Rodríguez Díaz
Catedrático de Psicología
Universidad de Oviedo
gallego@uniovi.es
https://orcid.org/0000-0002-5899-439X

Francisco Herrero-Díez
Titular de Psicología
Universidad de Oviedo
herrero@uniovi.es
https://orcid.org/0000-0001-8950-1714

A título de epílogo, estímase perentorio dilucidar la trascendencia de la coyuntura histórica contemporánea para el quehacer investigador en el ámbito de las Ciencias Sociales y del Comportamiento. El escenario actual, caracterizado por una confluencia de crisis sistémicas interconectadas -que abarcan desde la reconfiguración de los órdenes sociales hasta fenómenos de polarización política, emergencia climática y la propagación de desinformación-, demanda un posicionamiento analítico de naturaleza crítica y proactiva. Se presenta ante los profesionales y académicos del campo el desafío de trascender las meras reestructuraciones de orden teórico o metodológico, a fin de abordar las complejas realidades que emanan del trabajo empírico. La experiencia acumulada evidencia un conjunto de vicisitudes recurrentes que compele a una profunda reflexión. A continuación, se delinean, con mayor grado de formalidad y detalle, algunos de los dilemas preeminentes que el investigador contemporáneo de navegar (Álvarez-Arregui et al., 2023; Denzin and Lincoln, 2018; Kemmis, McTaggart, and Nixon, 2014).

Uno de los primeros aspectos que conviene abordar en el análisis de los procesos de transformación socioeducativa es la compleja interacción entre las dinámicas de resistencia institucional y la posible emergencia de una conciencia crítica orientada a la acción. Es habitual que las iniciativas investigativas que persiguen la implementación de cambios significativos —especialmente aquellas enmarcadas en enfoques como la investigación-acción participativa o la pedagogía crítica— se enfrenten a diversas formas de oposición provenientes de los marcos institucionales consolidados. Esta resistencia no necesariamente adopta expresiones explícitas o confrontativas. Antes bien, puede manifestarse mediante estrategias implícitas o indirectas, cuya finalidad es obstaculizar el avance del proceso sin exponer abiertamente el conflicto ideológico o político subyacente.

Entre estas formas de resistencia encubierta destacan el obstruccionismo administrativo, las dilaciones sistemáticas en la tramitación de autorizaciones y apoyos logísticos, la deslegitimación simbólica del investigador o del grupo promotor del cambio —mediante la desvalorización de su propuesta, su posicionamiento ético o su perfil académico—, así como mecanismos más sofisticados, como la cooptación discursiva.

Este último fenómeno implica la apropiación estratégica del lenguaje crítico por parte de las estructuras de poder, vaciándolo de su contenido transformador y resignificándolo dentro de una lógica funcional al statu quo. En este proceso, conceptos como "participación", "innovación" o "inclusión" pueden ser incorporados al discurso institucional sin que ello conlleve una revisión sustantiva de las prácticas dominantes, neutralizando así su capacidad subversiva (Ball, 2016).

Esta dinámica encuentra una elaboración teórica especialmente pertinente en el análisis foucaultiano del poder. Según Foucault (1982), el poder no debe entenderse únicamente como un sistema represivo, sino como un conjunto de relaciones estratégicas que atraviesan todos los niveles de la organización social. Por ello, cuando una iniciativa investigativa cuestiona las modalidades establecidas de control, autoridad y distribución del saber —es decir, cuando problematiza los regímenes de verdad instituidos—, lo que está en juego no es únicamente un procedimiento metodológico, sino la posibilidad misma de alterar los equilibrios de poder al interior de la institución. En tal escenario, la aparición de amenazas explícitas o veladas constituye una posibilidad tangible, que puede adoptar formas tanto simbólicas como materiales, afectando la continuidad del proceso o la integridad de sus agentes.

Como consecuencia de estas tensiones estructurales, el alcance de los procesos de investigación-acción puede verse restringido, concentrándose en ámbitos organizacionales periféricos o en colectivos limitados que, por su configuración específica, manifiestan una disposición favorable a la participación crítica. El resultado habitual es la formación de enclaves transformadores aislados —a menudo conceptualizados como "islas de innovación" (Giroux, 2020)— cuya incidencia sobre el conjunto del sistema institucional es escasa o nula. Si bien estas experiencias pueden ofrecer modelos alternativos de práctica educativa, su potencial para desencadenar procesos de cambio estructural a gran escala se ve comprometido por su desconexión del núcleo decisorio y por la ausencia de una estrategia de escalamiento sostenible.

Así, la tarea de promover una conciencia crítica institucional no solo requiere la movilización de actores comprometidos con la transformación, sino también una comprensión estratégica de los mecanismos de poder que configuran los límites y posibilidades del cambio dentro de las estructuras educativas existentes. Solo a partir de un análisis dialéctico entre agencia y estructura será posible diseñar intervenciones que trasciendan lo testimonial y logren incidir de manera efectiva en los marcos institucionales que perpetúan las desigualdades y la reproducción acrítica del orden establecido.

Figura 8.1. Dinámicas de la resistencia institucional

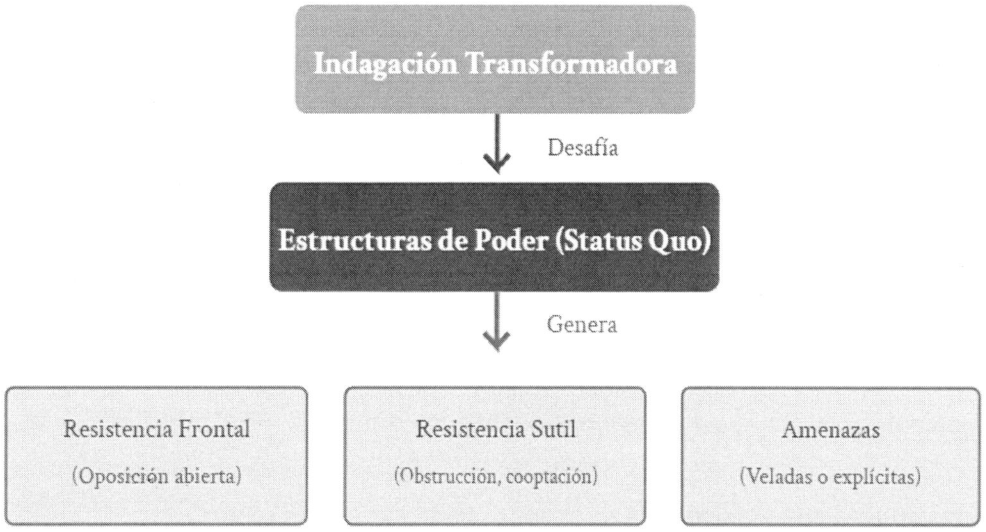

Indagación Transformadora

Desafía

Estructuras de Poder (Status Quo)

Genera

Resistencia Frontal (Oposición abierta)

Resistencia Sutil (Obstrucción, cooptación)

Amenazas (Veladas o explícitas)

En segundo lugar, la gestión del ciclo procesual de la praxis (reflexión-acción) y la condición de vulnerabilidad del investigador y de los participantes. Al agente investigador le compete no únicamente la ciceronía del proceso circular de optimización de la práctica, sino también la administración de las contradicciones, los conflictos y las resistencias intrínsecas a toda innovación. Ello impone una ponderación deontológica fundamental: ¿cuál es el grado de exposición prudencialmente admisible para sí mismo y para los sujetos participantes? Resulta crucial la instauración de un entorno de *seguridad psicológica*, un espacio en el que los involucrados posean la libertad genuina para verbalizar sus vivencias, dudas y frustraciones sin temor a represalias (Bradbury and Reason, 2003). La construcción de dicho espacio implica un considerable "trabajo emocional" por parte del investigador, quien debe navegar el delicado equilibrio entre su rol de facilitador empático y el de agente exógeno que introduce el cuestionamiento, una dualidad funcional susceptible de generar tensiones y desconfianzas. La condición de vulnerabilidad, por ende, es de naturaleza bidireccional y su gestión exige una profunda y aquilatada sensibilidad ética.

En tercer lugar, el imperativo de un compromiso deontológico orientado hacia la justicia social. No es dable adscribir a la investigación, máxime a aquella inscrita en paradigmas de raigambre crítica, una pretendida neutralidad axiológica, la cual a menudo enmascara la perpetuación del statu quo.

La orientación de la labor investigadora ha de ser, de forma activa, la construcción de una cultura relacional más democrática, equitativa e inclusiva. Principios como la probidad, la fiducia recíproca y la prosecución de la emancipación mediante la cooperación y la corresponsabilidad deben constituir el fundamento de toda intervención.

El objetivo último trasciende la mera recopilación de datos para focalizarse en la creación de una *comunidad de práctica* (Wenger, 1998), entendida esta como un locus para la hermenéutica colectiva donde se debaten, negocian y comparten significados y valores. Dicho enfoque, deudor de la pedagogía de Freire (1970), procura el fomento de una "concientización" colectiva que habilite a los participantes en la lectura y transformación de su propia realidad.

En cuarto lugar, el ejercicio de la reflexividad sobre el rol propio y los condicionantes estructurales. Se impone al investigador un ejercicio de introspección incesante concerniente al grado de su compromiso con la transformación social y la sostenibilidad ética de los valores promovidos. Dicho análisis debe ponderar el impacto de cuatro macrotendencias de alcance global.

La hegemonía del paradigma neoliberal ejerce presión sobre el sistema académico hacia la producción cuantificable y la obtención de resultados "rentables", con el riesgo de desvirtuar el propósito social de la investigación. El imperativo tecnológico, si bien provee de potentes herramientas, plantea simultáneamente dilemas sobre la brecha digital y el uso ético del big data.

La globalización puede entrañar el riesgo de imponer paradigmas de investigación eurocéntricos que ignoren las epistemologías y realidades locales. Finalmente, el acceso ilimitado a la información obliga a navegar en un ecosistema mediático susceptible de contaminación por desinformación. A ello se suman los dilemas asociados a la financiación, donde los compromisos adquiridos con las agencias financiadoras pueden colisionar con las necesidades emergentes de la comunidad (Shore and Wright, 2017).

Figura 8.2. Impacto de las macrotendencias en investigación

Un dilema transversal de considerable calado concierne a la protección de los participantes. Dicho compromiso ético trasciende la mera formalización de un consentimiento informado; abarca la garantía rigurosa y sostenida de la anonimización y la custodia de la confidencialidad.

Los riesgos asociados no son meramente teóricos: en contextos socioeducativos, una brecha en la confidencialidad puede acarrear consecuencias graves (Orb, Eisenhauer, and Wynaden, 2001). En la era digital, la promesa de "destrucción de la documentación" se torna un procedimiento complejo dada la persistencia inherente a los datos digitales. Por consiguiente, debe quedar contractualmente estipulado ab initio qué información será recopilada, sus modos de almacenamiento seguro y los protocolos de acceso, previendo la necesidad de renovar el consentimiento ante cualquier modificación sustancial de los objetivos de la investigación (Israel, 2015).

En última instancia, resulta insoslayable la asunción de la responsabilidad de devolver a la comunidad participante las contradicciones y los aprendizajes. Este acto de devolución, lejos de constituir un apéndice final, se erige en el motor que genera bucles de aprendizaje dialéctico. Dicho proceso exhibe una doble naturaleza: intersubjetiva, al facilitar la comprensión recíproca y construir una agencia colectiva para el cambio, e intrasubjetiva, en tanto que la deliberación con otros impele a una autocrítica de los propios apriorismos y prácticas. La investigación en Ciencias Sociales debe, por tanto, ser concebida como una práctica reflexiva, una *phronesis* o sabiduría práctica, fundamentada en un sólido corpus teórico y articulada por un componente deontológico cuyo fin último es el desarrollo humano y comunitario sostenible.

La superación del estado de cosas actual presupone, de manera inexorable, la dislocación de inercias consolidadas y la superación de recelos históricos entre las esferas política, teórica, práctica y ciudadana. Se hace perentorio un cambio cultural profundo, donde la colaboración prevalezca sobre la competitividad. La investigación es, en esencia, una praxis política; la mera elección de un objeto de estudio constituye ya un acto de intencionalidad declarada. Compete a los investigadores el análisis de los valores subyacentes a las prácticas, la interrogación sobre las barreras estructurales que obstaculizan el cambio y la comprensión de que investigar es, fundamentalmente, interactuar con otros en la prosecución de una mejora colectiva y un aprendizaje continuo para la totalidad de las personas.

Fuentes documentales integradas

Fuentes documentales

Abad, J. (2020). La innovación educativa en contextos complejos. *Revista Iberoamericana de Educación, 82*(1), 15–32.

Aguilar, M., and Torres, L. (2021). Competencias digitales en la universidad: retos y perspectivas. *Educación XXI*, *24*(2), 45–63. https://doi.org/10.5944/educxx1.27459

Álvarez-Arregui, E. (2018). *Ecosistemas educativos y sociedad del conocimiento.* Ediciones de la Universidad de Oviedo.

Álvarez-Arregui, E. (2019). Educación superior y ecosistemas de innovación. *Aula Abierta*, *48*(2), 111–120. https://doi.org/10.17811/rifie.48.2.2019.111-120

Álvarez-Arregui, E., and Arreguit, X. (2019). Sociedad, educación e innovación acelerada. *Aula Abierta*, *48*(2), 157–166. https://doi.org/10.17811/rifie.48.2.2019.157-166

Álvarez-Arregui, E., and Arreguit, X. (2020). La Universidad en evolución. Construyendo alianzas interinstitucionales y multidisciplinares a través de proyectos sostenibles y responsables. *International Journal of Human Sciences Research*. 1-17. https://doi.org/10.22533/at.ed.558212210014

Álvarez-Arregui, E., and Rodríguez, C. (2021). Innovación docente y aprendizaje en red. *RIAICES*, *6*(1), 45–67.

Álvarez-Arregui, E., Rodríguez-Martín, A., and Menéndez, L. (2020). Inclusive ecosystem model for the management of knowledge. *Aula Abierta*, *49*(3), 305–312. https://doi.org/10.17811/rifie.49.3.2020.305-312

Anderson, L. M., Oliver, S. R., Michie, S., Rehfuess, E., Noyes, J., and Shemilt, I. (2011). Investigating complexity in systematic reviews of interventions by using a spectrum of methods. *Journal of Clinical Epidemiology*, *64*(11), 1079–1085.

Anderson, L. M., Petticrew, M., Rehfuess, E., Armstrong, R., Ueffing, E., Baker, P., ... Tugwell, P. (2011). Using logic models to capture complexity in systematic reviews. *Research Synthesis Methods*, *2*(1), 33–42.

Anderson, T., and Dron, J. (2011). Three generations of distance education pedagogy. *International Review of Research in Open and Distance Learning, 12*(3), 80–97.

Andrade, C. (2020). *La investigación educativa en Iberoamérica*. Editorial Síntesis.

Area, M. (2018). Las pedagogías emergentes en la era digital. *Revista de Educación a Distancia, 56,* 1–24.

Arnaiz, P. (2019). Inclusión educativa: logros y retos. *Revista de Educación Inclusiva, 12*(2), 11–30.

Avanzas, P., Bayés-Genís, A., Pérez de Isla, L., Sanchis, J., Heras, M., and Ferreira-González, I. (2011). Scientific publishing in biomedicine: The "salami slicing" of research. *Revista Española de Cardiología, 64*(9), 785–789.

Barber, M., and Mourshed, M. (2007). *How the World's Best-Performing School Systems Come Out on Top.* McKinsey and Company.

Barberá, E. (2017). Evaluación del aprendizaje en entornos digitales. *Comunicar, 25*(52), 61–70.

Barendregt, J. J., Doi, S. A., Lee, Y. Y., Norman, R. E., and Vos, T. (2013). Meta-analysis of prevalence. *Journal of Epidemiology and Community Health, 67*(11), 974–978.

Bates, A. W. (2015). *Teaching in a Digital Age: Guidelines for Designing Teaching and Learning*. Tony Bates Associates Ltd.

Bateson, G. (2000). *Pasos hacia una ecología de la mente*. Lohlé-Lumen.

Bauman, Z. (2007). *Vida líquida*. Paidós.

Bearman, M., Smith, C. D., Carbone, A., Slade, S., Baik, C., Hughes-Warrington, M., and Neumann, D. L. (2012). Systematic review methodology in higher education. *Higher Education Research and Development*, *31*(5), 625–640.

Bernal, A. (2019). Gamificación en la educación universitaria. *Pixel-Bit. Revista de Medios y Educación*, *55*, 45–60.

Bolívar, A. (2019). Liderazgo pedagógico para la equidad. *Revista Española de Pedagogía*, *77*(274), 229–247.

Bolívar, A. (2020). Liderazgo distribuido y comunidades profesionales. *Revista Española de Pedagogía*, 78(276), 365–384.

Bolívar, A., and Domingo, J. (2018). Evaluación de competencias profesionales en la universidad. *Educatio Siglo XXI*, *36*(2), 53–72.

Bonett, D. G. (2002). Sample size requirements for testing and estimating coefficient alpha. *Journal of Educational and Behavioral Statistics,* *27*(4), 335–340. https://doi.org/10.3102/10769986027004335

Bonilla, M., and Rodríguez, L. (2020). La innovación educativa en tiempos de crisis. *Revista Latinoamericana de Tecnología Educativa, 19*(1), 99–115.

Booth, A., Clarke, M., Dooley, G., Ghersi, D., Moher, D., Petticrew, M., and Stewart, L. (2012). The nuts and bolts of PROSPERO: An international prospective register of systematic reviews. *Systematic Reviews*, *1*(1), 2.

Booth, A., Clarke, M., Ghersi, D., Moher, D., Petticrew, M., and Stewart, L. (2011). An international registry of systematic-review protocols. *The Lancet*, *377*(9760), 108–109.

Booth, A., Sutton, A., and Papaioannou, D. (2016). *Systematic Approaches to a Successful Literature Review* (2nd ed.). Sage.

Bruner, J. (1997). *La educación, puerta de la cultura*. Visor.

Brynjolfsson, E., and McAfee, A. (2014). *The Second Machine Age*. W. W. Norton and Company.

Buela-Casal, G. (2014). La investigación en Psicología. *Anales de Psicología*, *30*(1), 1–10.

Cabero, J. (2018). *Tecnología educativa en tiempos de cambio*. Editorial UOC.

Cabero, J. (2019). Tecnologías digitales y educación inclusiva. *Revista de Educación Inclusiva*, *12*(1), 13–30.

Cabero, J., and Llorente, M. (2019). Retos de la educación digital en la universidad. *RIED*, *22*(2), 25–46.

Cabero, J., and Llorente, M. C. (2018). Tecnologías emergentes y educación. *Pixel-Bit. Revista de Medios y Educación*, *53,* 5–19.

Cajal, S. R. (2020). *El mundo visto a los ochenta años*. Alianza Editorial.

Cañete, M. B. (2021). Programas institucionales y equidad en los centros educativos. Universidad de Oviedo. [Tesis doctoral inédita].

Carbonell, J. (2019). *Pedagogías del siglo XXI: Alternativas para la innovación educativa*. Octaedro.

Carr, W., and Kemmis, S. (1988). *Teoría crítica de la enseñanza*. Morata.

Casanova, M. A. (2012). *Evaluación educativa y promoción escolar*. La Muralla.

Castell, M. (2006). *La sociedad red*. Alianza.

Castillo, S. (2020). Inclusión educativa y diversidad cultural. *Revista Iberoamericana sobre Calidad, Eficacia y Cambio en Educación*, *18*(1), 9–27.

CEPAL. (2020). *Educación en tiempos de pandemia de COVID-19*. CEPAL/UNESCO.

Chatfield, C. (1985). The initial examination of data. *Journal of the Royal Statistical Society. Series A (General)*, *148*(3), 214–228.

Cheung, (2015). *Meta-Analysis: A Structural Equation Modeling Approach*. Wiley
Cheung, (2015). , *Meta-Analysis: A Structural Equation Modeling Approach*. Wiley. https://doi.org/10.1002/9781118957813

Christensen, C. M., Horn, M. B., and Johnson, C. W. (2011). *Disrupting Class: How Disruptive Innovation Will Change the Way the World Learns* (2nd ed.). McGraw-Hill.

Coll, C. (2013). El aprendizaje escolar y la construcción del conocimiento. *Revista de Educación*, *361,* 33–57.

Coll, C., and Monereo, C. (2019). Psicología de la educación virtual. *Educación XXI, 22*(1), 15–38.

Comisión Europea. (2020). *Digital Education Action Plan (2021–2027): Resetting Education and Training for the Digital Age*. European Commission.

Creswell, J. W., and Plano Clark, V. L. (2018). *Designing and Conducting Mixed Methods Research* (3rd ed.). Sage.

Darling-Hammond, L. (2017). Teacher education around the world: What we have learned from international studies. *European Journal of Teacher Education, 40*(3), 291–309.

Darling-Hammond, L., Flook, L., Cook-Harvey, C., Barron, B., and Osher, D. (2020). Implications for educational practice of the science of learning and development. *Applied Developmental Science, 24*(2), 97–140.

Delors, J. (1996). *La educación encierra un tesoro*. Informe a la UNESCO de la Comisión Internacional sobre la Educación para el Siglo XXI. Santillana/UNESCO.

Denzin, N. K., and Lincoln, Y. S. (2017). *The SAGE Handbook of Qualitative Research* (5th ed.). Sage.

Dewey, J. (2004). *Democracia y educación*. Morata. (Original publicado en 1916).

Díaz, A. (2017). Currículum y justicia social. *Revista Latinoamericana de Educación Comparada, 8*(12), 31–46.

Díaz, M. (2019). Docencia universitaria e innovación didáctica. *Revista de Educación Superior, 48*(192), 55–74.

Edwards, R. (2018). Rethinking learning in the digital age. *Distance Education, 39*(3), 339–352.

Erikson, F. (2012). Métodos cualitativos en la investigación educativa. En R. M. Jaeger (Ed.), *Complementary Methods for Research in Education* (pp. 345–368). AERA.

Escudero, J. M. (2016). Cambios en la enseñanza universitaria. *Revista de Docencia Universitaria, 14*(3), 23–40.

Escudero, T. (2019). La evaluación de programas educativos: tendencias y retos. *Revista de Educación*, *385*, 31–54.

Fernández, A. (2020). Competencias transversales y empleabilidad. *Revista de Estudios Educativos*, *38*(2), 99–118.

Fernández, A., and Rodríguez, J. (2017). Evaluación y aprendizaje cooperativo. *Revista Complutense de Educación*, *28*(1), 51–67.

Fernández, M., and Gutiérrez, I. (2020). Metodologías activas en el aula universitaria. *Educación XX1*, *23*(1), 125–146.

Ferrer, J. (2018). Desarrollo profesional docente y cambio educativo. *Revista Iberoamericana de Educación*, *77*(1), 35–54.

Flick, U. (2018). *An Introduction to Qualitative Research* (6th ed.). Sage.

Freire, P. (1970). *Pedagogía del oprimido*. Siglo XXI.

Fullan, M. (2001). *The New Meaning of Educational Change* (3rd ed.). NTeachers College Press.

Fullan, M. (2020). *The New Meaning of Educational Change* (5th ed.). Teachers College Press.

García Aretio, L. (2019). *Educación a distancia digital: Más allá de la distancia*. UNED.

García, A., and López, J. (2021). Evaluación del aprendizaje en la era digital. *Revista Complutense de Educación, 32*(3), 411–427.

García, E., and Sánchez, L. (2018). Evaluación formativa en educación superior. *Educatio Siglo XXI*, *36*(2), 91–108.

García, F. (2020). Inteligencia emocional y aprendizaje. *Revista de Psicología Educativa*, *26*(2), 145–163.

Garrison, D. R., and Anderson, T. (2011). *E-Learning in the 21st Century* (2nd ed.). Routledge.

Gee, J. P. (2007). *What Video Games Have to Teach Us About Learning and Literacy* (2nd ed.). Palgrave Macmillan.

Gimeno, J. (2010). *La educación que aún es posible*. Morata.

Goleman, D. (1996). *Inteligencia emocional*. Kairós.

González, A. (2017). Innovación y cambio organizativo en educación. *Revista Española de Pedagogía*, *75*(266), 201–220.

González, J., and Wagenaar, R. (2003). *Tuning Educational Structures in Europe*. Universidad de Deusto.

González, M. (2019). Bienestar docente y clima escolar. *Revista Iberoamericana de Psicología y Salud*, *10*(1), 45–61.

Habermas, J. (1987). *Teoría de la acción comunicativa*. Taurus.

Hargreaves, A. (2003). *Teaching in the Knowledge Society*. Teachers College Press.

Hargreaves, A., and Fullan, M. (2012). *Professional Capital: Transforming Teaching in Every School*. Teachers College Press.

Hattie, J. (2009). *Visible Learning: A Synthesis of Over 800 Meta-Analyses Relating to Achievement*. Routledge.

Hernández, F., and Ventura, M. (2008). *La organización del currículum por proyectos de trabajo*. Graó.

Hernández, R., Fernández, C., and Baptista, P. (2014). *Metodología de la investigación* (6ª ed.). McGraw-Hill.

Hernández, R., Fernández, C., and Baptista, P. (2014). *Metodología de la investigación* (6a ed.). McGraw-Hlll.

Imbernón, F. (2017). *La formación del profesorado*. Graó.

INEE. (2019). *Panorama de la Educación. Indicadores de la OCDE 2019*. Ministerio de Educación y Formación Profesional.

Johnson, R. B., and Onwuegbuzie, A. J. (2004). Mixed methods research: A paradigm whose time has come. *Educational Researcher, 33*(7), 14–26.

Jonassen, D. H. (1999). *Designing Constructivist Learning Environments*. Routledge.

Kuhn, T. S. (2006). *La estructura de las revoluciones científicas* (13ª ed.). Fondo de Cultura Económica.

Larose, F., and Lenoir, Y. (2018). Interdisciplinariedad en educación. *Revista Mexicana de Investigación Educativa*, *23*(78), 1125–1149.

Latour, B. (2007). *Nunca fuimos modernos*. Siglo XXI.

Leithwood, K., Harris, A., and Hopkins, D. (2020). Seven strong claims about successful school leadership revisited. *School Leadership and Management*, *40*(1), 5–22.

Lincoln, Y. S., and Guba, E. G. (1985). *Naturalistic Inquiry*. Beverly Hills, CA: Sage.

López, J., and Sánchez, P. (2020). Inteligencia artificial y educación: oportunidades y riesgos. *Revista de Educación a Distancia*, *20*(64), 1–20. https://doi.org/10.6018/red.64.1

López, R. (2019). Inclusión y equidad en la escuela. *Revista Latinoamericana de Inclusión Educativa*, *13*(2), 55–73.

Luhmann, N. (1998). *Sistemas sociales: Lineamientos para una teoría general*. Anthropos.

Marcelo, C. (2019). Desarrollo profesional docente: Entre la formación y la innovación. *Revista de Educación*, *384,* 25–47.

Marchesi, Á., and Martín, E. (2014). *Calidad de la enseñanza en tiempos de crisis*. Alianza Editorial.

Marín, V., and Reche, E. (2020). Aprendizaje móvil y competencias digitales. *Pixel-Bit. Revista de Medios y Educación, 58,* 7–25.

Martínez, F., and Prendes, M. P. (2019). Mobile learning y educación inclusiva. *Revista de Educación a Distancia*, *19*(60), 1–18.

Martínez, F., and Prendes, M. P. (2021). Aprendizaje ubicuo y educación superior. *Comunicar*, *67,* 9–19. https://doi.org/10.3916/C67-2021-01

Martínez, J., and Torres, P. (2019). Innovación y creatividad en la educación superior. *Revista de Innovación Educativa*, *17*(3), 45–63.

Martínez, M. (2018). *Metodologías activas en la educación universitaria*. Narcea.

Maslow, A. H. (1991). *Motivación y personalidad*. Ediciones Díaz de Santos.

McLaren, P. (2005). *Capitalists and Conquerors: A Critical Pedagogy against Empire*. Rowman and Littlefield.

McMillan, J. H., and Schumacher, S. (2014). *Research in Education: Evidence-Based Inquiry* (7th ed.). Pearson.

Medina, A., and Salvador, F. (2018). *Didáctica general*. Pearson Educación.

Merriam, S. B., and Tisdell, E. J. (2016). *Qualitative Research: A Guide to Design and Implementation* (4th ed.). Jossey-Bass.

Ministerio de Educación y Formación Profesional. (2020). *Datos y cifras del sistema universitario español. Curso 2020–2021*. MEFP.

Moher, D., Liberati, A., Tetzlaff, J., Altman, D. G., and PRISMA Group. (2009). Preferred reporting items for systematic reviews and meta-analyses: The PRISMA statement. *PLoS Medicine*, *6*(7), e1000097.

Monereo, C. (2019). Competencias docentes en la sociedad digital. *Revista de Educación a Distancia*, *19*(60), 1–22.

Morales, P., and López, R. (2018). Evaluación inclusiva en educación superior. *Revista Latinoamericana de Inclusión Educativa*, *12*(1), 43–62.

Moreno, R. (2020). Gamificación en el aprendizaje superior. *Pixel-Bit. Revista de Medios y Educación*, *57*, 69–86.

Morin, E. (1999). *Los siete saberes necesarios para la educación del futuro*. UNESCO.

Morin, E. (2001). *La cabeza bien puesta*. Paidós.

Muijs, D. (2010). *Doing Quantitative Research in Education with SPSS* (2nd ed.). Sage.

Muñoz, J., and Ortega, J. (2017). TIC y aprendizaje colaborativo. *Revista Iberoamericana de Educación Superior, 8*(23), 55–74.

Murillo, F. J. (2019). Equidad educativa y justicia social. *Revista Iberoamericana sobre Calidad, Eficacia y Cambio en Educación*, *17*(3), 5–21.

Novak, J. D. (1998). *Learning, Creating, and Using Knowledge: Concept Maps as Facilitative Tools in Schools and Corporations*. Lawrence Erlbaum Associates.

OCDE. (2018). *The Future of Education and Skills: Education 2030*. OECD Publishing.

OECD. (2019). *OECD Skills Outlook 2019: Thriving in a Digital World*. OECD Publishing. https://doi.org/10.1787/df80bc12-en

OECD. (2020). *Education at a Glance 2020: OECD Indicators*. OECD Publishing. https://doi.org/10.1787/69096873-en

Onwuegbuzie, A. J., and Leech, N. L. (2005). On becoming a pragmatic researcher: The importance of combining quantitative and qualitative research methodologies. *International Journal of Social Research Methodology*, *8*(5), 375–387.

Papert, S. (1993). *The Children's Machine: Rethinking School in the Age of the Computer*. Basic Books.

Patton, M. Q. (2015). *Qualitative Research and Evaluation Methods* (4th ed.). Thousand Oaks, CA: Sage.

Pérez Gómez, A. I. (2012). Educarse en la era digital. *Revista de Educación*, *359*, 55–77.

Pérez, A., and López, J. (2018). Metodologías híbridas en educación. *Educatio Siglo XXI*, *36*(1), 23–42.

Pérez, M., and Rodríguez, J. (2020). Evaluación competencial en la educación básica. *Revista Española de Pedagogía*, *78*(277), 293–311.

Perrenoud, P. (2004). *Diez nuevas competencias para enseñar*. Graó.

Peters, O. (2010). *Distance Education in Transition: Developments and Issues* (5th ed.). Oldenburg: BIS-Verlag.

Piaget, J. (1970). *La psicología de la inteligencia*. Psique.

Piaget, J. (1972). *Psicología y Pedagogía*. Ariel.

Piaget, J. (1975). *La equilibración de las estructuras cognitivas*. Siglo XXI.

PISA. (2018). *PISA 2018 Results: What Students Know and Can Do (Vol. I)*. OECD Publishing. https://doi.org/10.1787/5f07c754-en

PISA. (2021). *21st-Century Readers: Developing Literacy Skills in a Digital World (Vol. III)*. OECD Publishing. https://doi.org/10.1787/a83d84cb-en

Popper, K. (1994). *La lógica de la investigación científica*. Paidós.

Pozo, J. I. (2006). *Aprendices y maestros: La nueva cultura del aprendizaje*. Alianza.

Prensky, M. (2001). *Digital Natives, Digital Immigrants*. *On the Horizon*, *9*(5), 1–6.

Ravitch, D. (2016). *The Death and Life of the Great American School System*. Basic Books.

Reeves, T. C., and Hedberg, J. G. (2014). *Interactive Learning Systems Evaluation*. Educational Technology Publications.

Reimers, F. (2020). *Educating Students to Improve the World*. Springer.

Resnick, M. (2017). *Lifelong Kindergarten: Cultivating Creativity through Projects, Passion, Peers, and Play*. MIT Press.

Robinson, K. (2009). *El elemento: Descubrir tu pasión lo cambia todo*. Debolsillo.

Robinson, K. (2015). *Creative Schools: The Grassroots Revolution That's Transforming Education*. Viking.

Rodríguez, C. (2018). *Innovación educativa y cambio organizativo*. Octaedro.

Rodríguez, C., and Álvarez-Arregui, E. (2020). Redes de innovación educativa. *RIAICES*, *5*(2), 77–95.

Rodríguez, J. (2019). Evaluación auténtica en la universidad. *Revista de Docencia Universitaria*, *17*(2), 15–33.

Rodríguez, J. L., and Aramburu, N. (2018). Evaluación auténtica y competencias. *Educatio Siglo XXI*, *36*(1), 115–132.

Rogers, C. R. (1997). *El proceso de convertirse en persona*. Paidós.

Sacristán, J. G. (2000). *La educación obligatoria: Su sentido educativo y social*. Morata.

Sahlberg, P. (2011). *Finnish Lessons: What Can the World Learn from Educational Change in Finland?* Teachers College Press.

Salinas, J. (2018). Innovación docente y uso de las TIC en educación superior. *Pixel-Bit. Revista de Medios y Educación*, *52,* 49–65.

Salomon, G. (1996). *Distributed Cognitions: Psychological and Educational Considerations*. Cambridge University Press.

Sánchez, J. (2017). Metodologías innovadoras y TIC en la educación. *Revista Iberoamericana de Educación*, *74*(1), 85–104.

Sánchez, P. (2019). Evaluación de programas de innovación educativa. *Revista de Evaluación Educativa*, *4*(2), 33–49.

Sancho, J. M. (2018). Innovación educativa y profesorado. *Revista de Educación a Distancia*, *18*(58), 1–16.

Sandín, M. P. (2003). *Investigación cualitativa en educación: Fundamentos y tradiciones*. McGraw-Hill.

Sanmartí, N. (2007). *Evaluar para aprender*. Graó.

Schön, D. (1992). *La formación de profesionales reflexivos*. Paidós.

Schön, D. A. (1983). *The Reflective Practitioner: How Professionals Think in Action*. Basic Books.

Senge, P. (2010). *La quinta disciplina en la práctica*. Granica.

Shulman, L. (1987). Knowledge and teaching: Foundations of the new reform. *Harvard Educational Review, 57*(1), 1–22.

Siemens, G. (2005). Connectivism: A learning theory for the digital age. *International Journal of Instructional Technology and Distance Learning*, *2*(1), 3–10.

Simons, H. (2009). *Case Study Research in Practice*. Sage.

Skinner, B. F. (1971). *Beyond Freedom and Dignity*. Knopf.

Slavin, R. E. (2018). *Educational Psychology: Theory and Practice* (12th ed.). Pearson.

Stake, R. E. (1995). *The Art of Case Study Research*. Thousand Oaks, CA: Sage.

Stake, R. E. (2006). *Multiple Case Study Analysis*. Guilford Press.

Stenhouse, L. (1987). *La investigación como base de la enseñanza*. Morata.

Stufflebeam, D. L., and Shinkfield, A. J. (2007). *Evaluation Theory, Models, and Applications*. Jossey-Bass.

Tapscott, D. (2009). *Grown Up Digital: How the Net Generation is Changing Your World*. McGraw-Hill.

Tashakkori, A., and Teddlie, C. (2010). *Mixed Methodology: Combining Qualitative and Quantitative Approaches*. Thousand Oaks, CA: Sage.

Toffler, A. (1970). *Future Shock*. Bantam Books.

Torres, R. M. (2017). La educación en contextos de cambio. *Revista Latinoamericana de Estudios Educativos*, *47*(1), 11–35.

Trilling, B., and Fadel, C. (2009). *21st Century Skills: Learning for Life in Our Times*. Jossey-Bass.

UNESCO. (2015). *Rethinking Education: Towards a Global Common Good?* UNESCO Publishing.

UNESCO. (2015). *Rethinking Education: Towards a Global Common Good?* UNESCO Publishing.

UNESCO. (2019). *Global Education Monitoring Report 2019: Migration, Displacement and Education*. UNESCO Publishing.

UNESCO. (2020). *Global Education Monitoring Report 2020: Inclusion and Education*. UNESCO Publishing.

UNESCO. (2021). *Futures of Education: Learning to Become*. UNESCO Publishing.

Vaillant, D. (2019). Formación docente y calidad educativa en América Latina. *Revista Iberoamericana de Educación*, *79*(1), 33–51.

Vygotsky, L. S. (1978). *Mind in Society: The Development of Higher Psychological Processes*. Harvard University Press.

Vygotsky, L. S. (1979). *El desarrollo de los procesos psicológicos superiores*. Crítica.

Wenger, E. (1998). *Communities of Practice: Learning, Meaning, and Identity*. Cambridge University Press.

Yin, R. K. (2018). *Case Study Research and Applications: Design and Methods* (6th ed.). Thousand Oaks, CA: Sage.

Zabalza, M. A. (2003). *Competencias docentes del profesorado universitario*. Narcea.

Zeichner, K. (2010). Rethinking the connections between campus courses and field experiences in college- and university-based teacher education. *Journal of Teacher Education*, *61*(1-2), 89–99.

Zuboff, S. (2019). *The Age of Surveillance Capitalism*. New Public Affairs.

Resumen ejecutivo

Gestión del Conocimiento en Ciencias Sociales: Revisión sistemática y metaanálisis

1. Propósito y sentido de la obra

Este libro propone un itinerario completo —teórico, metodológico y técnico— para **diseñar, ejecutar y reportar revisiones sistemáticas y metaanálisis** en Ciencias Sociales y del Comportamiento. Lo hace integrando tres capas:

1. una **arquitectura epistemológica** (cap. 1–2) que clarifica supuestos y dilemas;
2. una **metodología operativa** (cap. 3–6) que estandariza decisiones críticas pregunta, objetivos, criterios, búsqueda, extracción, gestión de datos); y
3. una **caja de herramientas de síntesis** (cap. 7) con procedimientos de metaanálisis aplicables a diferentes tipos de datos.

El **epílogo** (cap. 8) vuelve sobre la práctica: la calidad metodológica no es un acto aislado, sino una **cultura de investigación** que se prueba en cada decisión, desde el protocolo hasta la difusión.

2. Marco integrador: de la racionalidad plural a la reproducibilidad

El **capítulo 1** sitúa la investigación social en una tradición de **racionalidades** (científica, tecnológica, axiológica, sociopolítica, personal y, hoy, artificial) que condicionan qué problemas vemos, qué métodos elegimos y qué inferencias aceptamos. La tesis central es doble:

- No hay **superioridad paradigmática**; hay **complementariedad disciplinada**: el método se elige por **adecuación al fenómeno** y a la pregunta.
- La validez de una síntesis no depende de "modelos complejos" per se, sino de la **trazabilidad** de las decisiones (protocolos, criterios, flujos PRISMA, evaluación de sesgos).

  El **capítulo 2** aterriza este marco en una **investigación sistemática y socialmente sostenible**: diagnosticar bien, fundamentar, trabajar en campo con criterios de transparencia y **metaevaluar** lo hecho. La **ética** y las **condiciones institucionales** (clima, cultura, compromiso) son parte del método; no están fuera de él.

3. La revisión sistemática como estándar de evidencia

El **capítulo 3** delimita niveles de evidencia, tipologías (revisión narrativa, de alcance/scoping, sistemática) y la especificidad de las revisiones sistemáticas para **reducir sesgos** y **aumentar reproducibilidad**. Tres ideas fuerza:

- **Pregunta clara** + **criterios explícitos** + **búsqueda exhaustiva** + **doble cribado** = coherencia lógica del estudio.
- La revisión no es un "paso previo" a investigar: **es investigación** con su propio diseño y control de calidad.
- Las decisiones metodológicas (p. ej., inclusión de estudios cuasi-experimentales) deben vincularse al **propósito de uso** de la evidencia (síntesis de eficacia, de asociación, de experiencias cualitativas, etc.).

4. De la pregunta a los objetivos, y de ahí a los criterios (cap. 4)

El **capítulo 4** es el puente entre fundamentación y operatividad.

Formulación de la pregunta:

- **PICO** (población, intervención, comparación, resultado) para **efectividad**.
- **PECO/PECOS** para **exposición/asociación**.
- **SPIDER** para **cualitativas** (muestra, fenómeno, diseño, evaluación, tipo de estudio).
  Estas estructuras **no son plantillas rígidas**; ayudan a **operacionalizar conceptos** (población, contextos, desenlaces) y a **traducirlos** a términos de búsqueda y criterios.

Objetivos a priori: acotan **qué síntesis** se hará (eficacia, seguridad, prevalencia, fiabilidad...) y previenen **QRP** (p-hacking, HARKing) si se **registran** (p. ej., PROSPERO). Un "buen objetivo" es **inequívoco**, con **un desenlace principal** y, si procede, desenlaces secundarios jerarquizados.

Criterios de elegibilidad: definen **qué entra y qué no** y son el guardarraíl contra sesgos de selección. Elementos nucleares:

- **Tipos de estudio** (ECA, cuasi-experimentales, cohortes, caso-control, transversales, series de casos; cualitativos por enfoque).
- **Población/entorno/periodo/idioma/ámbito geográfico** (justificados).

- **Desenlaces** (definición, medición, ventanas temporales).
- **Calidad mínima** (herramientas estandarizadas: Jadad, NOS, ROBINS-I, AMSTAR-2, CASP...).

Los **criterios de exclusión** evitan duplicados, datos incompletos no recuperables, diseños no pertinentes y poblaciones fuera de alcance; se documentan en **PRISMA 2020** con razones.

5. Estrategias de búsqueda: precisión, sensibilidad y trazabilidad (cap. 5)

El **capítulo 5** despliega la búsqueda como **protocolo replicable**:

- **Vocabulario controlado** (MeSH/DeCS, Emtree) + **texto libre** (sinónimos, variantes, truncamientos, operadores).
- **Ecuaciones específicas por base** (PubMed/MEDLINE, Embase, Scopus, Web of Science, Cochrane Library; bases afines al área en Sociales) y **literatura gris** (tesis, repositorios, actas) para reducir sesgo de publicación.
- **Equilibrio sensibilidad–precisión**: búsquedas amplias + filtros pertinentes (tipo de estudio, fechas **con justificación**, idioma).
- **Registro fiel**: todas las cadenas, fechas, límites, cobertura. Esa bitácora es parte de la calidad de la revisión.

6. Extracción e importación: del dato al dataset reproducible (cap. 6)

El **capítulo 6** baja a la mecánica de **extracción desde bases de datos** (formatos RIS/BibTeX/CSV/Medline), **deduplicación**, y **gestión estandarizada** en gestores (Zotero/Mendeley/EndNote) o planillas. Puntos críticos:

- **Tipos de búsqueda** (básica/avanzada, por campos; alertas), **filtros** y su efecto en la recuperación.
- **Exportación** consistente: campos bibliográficos completos + identificadores (DOI/PMID/UT).
- **Importación** al entorno de cribado (p. ej., **Rayyan**) y al de análisis, manteniendo un **ID único** por registro.
- **Criterios de relevancia/actualidad/pertinencia** aplicados de forma ciega y por **dos revisores**, con **calibración** (p. ej., 10% inicial). Resultado: un **dataset auditable** que permite reconstruir cada decisión y reanalizar si cambian criterios o reglas.

7. Síntesis cuantitativa: el metaanálisis como ingeniería de evidencia (cap. 7)

El **capítulo 7** organiza la síntesis estadística por **familias de efectos** y discute decisiones clave:

7.1. Heterogeneidad y modelo

- Medidas: **Q**, I^2 y τ^2.
- **Efectos fijos** (supuesto de efecto común) vs. **aleatorios** (distribución de efectos verdaderos). En Ciencias Sociales, la **variabilidad contextual** suele recomendar aleatorios por defecto (siempre justificado).

7.2. Tipos de tamaño de efecto

- **Correlaciones**: transformación **Fisher z**, varianzas, meta-análisis de r.
- **Diferencias de medias**: **d de Hedges**/g, SMD; elección de **MC** (media final vs cambio), control de **varianzas** y tamaños muestrales.
- **Dicotómicos**: **OR**, **RR**, **RD**; correcciones ante celdas cero.
- **Proporciones**: transformaciones (logit/Freeman-Tukey) para estabilizar varianza.
- **Fiabilidad**: síntesis de **α/ω** con varianzas específicas.

7.3. Análisis complementarios

- **Subgrupos** (población, contexto, calidad, diseño).
- **Meta-regresión** (moderadores continuos/categóricos; cautela con k pequeño).
- **Sesgo de publicación**: **funnel plots**, test de asimetría, métodos de ajuste (p. ej., trim-and-fill) con interpretación prudente.
- **Sensibilidad**: leave-one-out, influencias, alternativas de efecto/varianza.

7.4. Presentación de resultados

- Forest plots legibles, **PRISMA 2020** para flujo, **tablas de características** y de **riesgo de sesgo**, anexos con ecuaciones de búsqueda. La **interpretación** vincula magnitud del efecto, precisión (IC), heterogeneidad y **calidad de la evidencia**; evita sobre-inferencias.

8. Calidad, riesgo de sesgo y transparencia (a lo largo de los caps. 3–7)

La obra es consistente en su insistencia en:

- **Registro del protocolo** (p. ej., PROSPERO) para fijar objetivos, criterios y análisis **a priori**.
- **Doble cribado** y resolución por tercero.
- **Evaluación de calidad/riesgo de sesgo** con instrumentos reconocidos (Jadad, NOS, ROBINS-I, AMSTAR-2, **CASP** para cualitativos), comunicando **cómo** afectará la síntesis (p. ej., análisis por subgrupos según calidad).
- **PRISMA 2020** como estándar de reporte, incluyendo **razones de exclusión** a texto completo.
- La consecuencia práctica: el lector puede **reproducir** o **auditar** cada eslabón del estudio.

9. Herramientas y automatización responsable

Una aportación contemporánea del libro es reconocer el valor de herramientas como **PICO Portal** y **Rayyan**, y tecnologías **NLP/ML** (p. ej., extracción automática de elementos PICO o clasificación asistida) para **acelerar** fases críticas sin sacrificar calidad. Dos cautelas quedan claras:

1. La automatización **no sustituye** el juicio experto; y
2. hay que **documentar** cómo se entrenan/aplican modelos y cómo afectan a **decisiones de inclusión/exclusión** o codificación de datos.

10. Lecciones globales que deja la obra

1. **El método es una cadena de decisiones**: cada eslabón (pregunta, objetivo, criterios, búsqueda, cribado, extracción, análisis, reporte) condiciona la validez de los siguientes.
2. **Claridad antes que sofisticación**: una pregunta bien formulada y criterios coherentes valen más que técnicas analíticas avanzadas aplicadas sobre datos mal definidos.
3. **Reproducibilidad como ética aplicada**: registrar, versionar y dejar rastro (logs de búsqueda, reglas de decisión, scripts de análisis) convierte la integridad en evidencia.
4. **Contexto importa**: en Ciencias Sociales la heterogeneidad no es un defecto; es **información** (de ahí subgrupos y meta-regresión).

5. **Calidad > cantidad**: mejor menos estudios pertinentes y de calidad que "sumar por sumar".
6. **Interfaz humana-máquina**: las herramientas potencian, pero no reemplazan, la pericia metodológica y el razonamiento causal.

11. Recomendaciones operativas para futuras revisiones

- **Antes de buscar**: cerrar **PICO/PECO/SPIDER** y desenlaces; registrar en **PROSPERO** (si aplica).
- **Búsqueda**: combinar **MeSH/DeCS** + texto libre; diseñar **ecuaciones por base**; justificar ventanas temporales; incluir **literatura gris**.
- **Cribado**: doble a ciegas; **calibración** inicial; razones explícitas al excluir.
- **Extracción**: plantillas validadas, variables definidas **ex ante**, tratamiento de datos faltantes planificado (contacto a autores, imputaciones justificadas).
- **Sesgos**: elegir herramientas **pertinentes** por diseño; construir **tablas** y vincularlas a análisis (subgrupos/sensibilidad).
- **Metaanálisis**: seleccionar la **métrica** correcta, justificar **modelo** (fijo/aleatorio), explorar **heterogeneidad** y **sesgos de publicación** con prudencia.
- **Reporte**: adherencia a **PRISMA 2020** (checklist), forest/funnel claros, anexos con **ecuaciones de búsqueda** y **dataset** depurado (cuando sea posible, datos y scripts abiertos).

12. Líneas de desarrollo y transferencia

- **Revisiones "vivas"** (living) en áreas con evidencia en rápida evolución.
- **Síntesis mixtas** integrando cuantitativas (efects) y cualitativas (meta-síntesis) para informar decisiones complejas.
- **Evaluación de impacto**: de la revisión a guías, políticas y prácticas, con **indicadores de implementación**.
- **Apertura** (open science): datos, códigos, protocolos y materiales accesibles con licencias claras.
- **IA responsable** en cribado y extracción, con validación y documentación de decisiones automatizadas.

13. Cierre

El libro demuestra que **gestionar conocimiento** en Ciencias Sociales significa **diseñar procesos** que convierten literatura dispersa en **evidencia utilizable**. La solidez no proviene de “resultados espectaculares”, sino de **protocolos transparentes**, **criterios consistentes** y **síntesis pertinentes**. La contribución mayor de esta obra es precisamente esa **cultura metodológica**: una forma de investigar que hace **auditable** cada paso y, por ello, **creíble** cada conclusión.

Como mensaje final, tres compromisos para la comunidad:

1. **Rigor y humildad**: preguntar mejor antes de analizar más.
2. **Trazabilidad**: que cualquier colega pueda reconstruir el estudio de principio a fin.
3. **Utilidad social**: sintetizar para decidir, y decidir para mejorar.